CAMINHOS E DESCAMINHOS DA EDUCAÇÃO BRASILEIRA

Paulo Nathanael Pereira de Souza

CAMINHOS E DESCAMINHOS DA EDUCAÇÃO BRASILEIRA

InTEGRARE
EDITORA

Copyright © 2011 Paulo Nathanael Pereira de Souza
Copyright © 2011 Integrare Editora e Livraria Ltda.

Todos os direitos reservados, incluindo o de reprodução sob quaisquer meios,
que não pode ser realizada sem autorização por escrito da editora,
exceto em caso de trechos breves citados em resenhas literárias.

Publisher
Maurício Machado

Supervisora editorial
Luciana M. Tiba

Assistente editorial
Deborah Mattos

Produção editorial e acompanhamento
Miró Editorial

Preparação de texto
Márcia Lígia Guidin
Michelle Neris da Silva

Revisão
Ana Cursi
Eugênia Pessotti
Pedro Baraldi

Projeto gráfico de capa e miolo
Alberto Mateus

Diagramação
Crayon Editorial

Dados Internacionais de Catalogação na Publicação (CIP)
(Câmara Brasileira do Livro, SP, Brasil)

Souza, Paulo Nathanael Pereira de
Caminhos e descaminhos da educação brasileira /
Paulo Nathanael Pereira de Souza. -- São Paulo :
Integrare Editora, 2011.

Bibliografia.
ISBN 978-85-99362-68-6

1. Educação - Brasil - História I. Título.

11-06932   CDD-370.981

Índices para catálogo sistemático:
1. Brasil : Educação : História 370.981
2. Educação brasileira : História 370.981

Todos os direitos reservados à INTEGRARE EDITORA E LIVRARIA LTDA.

Rua Tabapuã, 1123, 7º andar, conj. 71/74
CEP 04533-014 - São Paulo - SP - Brasil
Tel. (55) (11) 3562-8590
Visite nosso site: www.integrareeditora.com.br

MENSAGEM DO NÚCLEO DE AÇÕES COMUNITÁRIAS ESPECIAIS

FRUTO DA INICIATIVA DE UM GRUPO de esposas e amigos de ortopedistas, o NACE – Núcleo de Ações Comunitárias Especiais – surgiu no final de 2004 e reuniu pessoas movidas pelo anseio de minimizar dificuldades dos menos favorecidos, amparando crianças e idosos. Somos uma associação civil, de direito privado, com caráter social, assistencial e beneficente sem finalidade lucrativa nem econômica.

Desde o início dos trabalhos do NACE, em 2005, o grupo de voluntárias vem participando ativamente de ações em benefício de várias organizações sociais de caráter beneficente e filantrópico, como a *Apae*, dentre outras.

Em 2009, o grupo desenvolveu um projeto de cuidados especiais, que teve como objetivo adaptar uma casa onde residiam idosos, tornando-a segura de acordo com as "Normas da Casa Segura" para o idoso. Finalizada a obra, o imóvel-modelo ficou aberto para visitação pública e tornou-se exemplo a ser seguido por outros.

Assim, nosso grupo vem aos poucos construindo sua história, aumentando a corrente de amor e cuidados para uma vida melhor a todos. E isso, não somente pelo esforço de suas participantes, mas, principalmente, pela demonstração de carinho daqueles que prestam ajuda participando dos eventos realizados.

Ao sabermos da bela iniciativa, que a nós oferece parte da renda obtida com a venda desta importante obra educacional, só podemos agradecer à *Integrare Editora* e à generosidade do autor deste livro que, dessa forma, passam a colaborar com o projeto CEI, ajudando-nos a diminuir as carências de crianças e idosos de nosso país.

SONIA SANTILI

Presidente do Núcleo de Ações Comunitárias Especiais (NACE)

Contato: Lucy Cardoso – nacelucycardoso@gmail.com

" Se à escolarização universal dos ensinos fundamental e médio não se justapuser a permanência universal dos alunos até o final dos cursos, a escola não estará sendo nem democrática, nem justa, nem eficiente. "

PAULO NATHANAEL PEREIRA DE SOUZA

SUMÁRIO

Agradecimentos 11

Prefácio, IVES GANDRA DA SILVA MARTINS 13

Apresentação do autor 17

PARTE I DIAGNÓSTICOS 21

Capítulo 1 | A crise: generalidades 23

Capítulo 2 | Interfaces da crise 41

  1 Política educacional 41

  2 Uma opinião valiosa: Anísio Teixeira 46

  3 Modelos obsoletos 49

  4 Professores: o segredo 55

  5 Planejamento educacional 63

  6 O Plano de Desenvolvimento da Educação (PDEA) 68

  7 Coreia, uma lição proveitosa 72

PARTE II PONTUALIDADES 79

Capítulo 1 | Artigos e excertos 81

1 Conceitos de educação 81

2 A pré-escola e as carências infantis 83

3 O começo de tudo 92

4 Educação e trabalho na atualidade (novas exigências) 94

5 A polêmica Reforma de 1971 (Lei nº 5.692) 97

6 Mais críticas à Reforma de 1971 100

7 Autonomia escolar 104

8 Conceitos de Ensino Superior 105

9 Como entender as Constituições 107

10 Natureza de uma LDB 109

11 Por que Conselhos de Educação? 111

12 Ética e antiética 113

13 A incerta escola do futuro 117

14 Custos 123

PARTE III TEMAS ATUAIS DE EDUCAÇÃO E GESTÃO . . . 125

Capítulo 1 | Universidades corporativas 127

1 Síntese histórica das universidades acadêmicas 127

2 Perplexidades que cercam a universidade contemporânea . . . 131

3 As universidades corporativas: sua origem e sua natureza . . . 133

4 Universidades: quatro contrastes relevantes 139

Capítulo 2 | A falência familiar na arte de educar 141

Capítulo 3 | Estágios curriculares 145

1 O que ocorre 145

2 Audiência pública no Senado Federal 148

3 Análise crítica 152

Capítulo 4 | Educação a distância 159

Capítulo 5 | Governança corporativa 173

Sobre o autor 183

AGRADECIMENTOS

A

MÁRCIA LÍGIA GUIDIN, cuja colaboração na edição dos textos tornou este livro possível;

WANDER SOARES, que, com sua imensa *expertise* editorial, deu várias sugestões ao autor;

RENATA e SYLVIA, que, com sua paciência e competência, digitalizaram os originais deste livro, sem se aborrecer com as rabugices do autor.

PREFÁCIO

Conheço Paulo Nathanael há mais de três décadas. Educador nato, ocupou em sua brilhante carreira as mais relevantes funções públicas e privadas que um professor poderia ocupar. O livro que prefacio, a seu fidalgo convite, está na linha do que representa este admirável intelectual e seu relevante papel no universo educacional do Brasil.

Dividido em três partes (*Diagnósticos, Pontualidades* e *Temas Atuais de Educação e Gestão*), oferece notável panorama do País, à luz, naturalmente, de seu enfoque principal, que é o ensino. Trata-se de obra, de um lado, otimista e, de outro, preocupante, por descortinar o muito que ainda teremos que fazer para cumprirmos a irreversível vocação para o desenvolvimento e para o protagonismo a que a nação está destinada no concerto mundial.

Paulo tem esse talento estupendo de abordar os mais profundos assuntos com uma didática clareza, que permite ao leitor compreender a extensão das questões formuladas e acompanhá-lo nas soluções propostas, muitas ainda a merecer maior reflexão por parte das autoridades encarregadas de gerir o ensino no Brasil.

Como seu confrade das Academias Paulista de Letras, Cristã de Letras, Paulista de História, Paulista de Educação e Paulista de Letras Jurídicas, tenho tido, no curso de minha vida, o privilégio de conviver com o companheiro de ideias, que é um dos espíritos mais argutos entre nós, sempre propondo temas para debate da mais alta relevância.

O livro, portanto, possibilita conhecer a figura hercúlea de Paulo, mormente, levando-se em consideração que se transforma numa espécie de legado para as futuras gerações, de como a educação deve ser meditada e de como são necessários movimentos de pressão, ideias e recursos nessa área. Só assim se conseguirá agilizar o crescimento nacional, em todos os seus segmentos.

Indiscutivelmente, o momento não poderia ser melhor para a veiculação da obra, visto que o Brasil está na encruzilhada, entre país "potência" e "emergente"; vale dizer, entre ingressar definitivamente no rol das nações que decidem o destino do mundo, ou ficar entre aquelas que apenas aguardam o impacto das decisões maiores.

É por essa razão que prevejo para esta obra brilhante carreira editorial, mormente levando-se em consideração que a reflexão acadêmica e universitária é aquela que fará a diferença no futuro próximo. A contribuição de Paulo Nathanael objetiva oferecer alternativas na busca de caminhos para que esse processo seja acelerado, pelo prisma de um correto diagnóstico dos problemas e virtualidades da educação, corrigindo-se os erros passados para conseguirmos um saldo positivo de acertos no porvir.

Cumprimento o autor, cujo currículo não divulgo, pois todos o conhecem, e que segue, como é de praxe nas publicações acadêmicas, em apêndice no presente livro.

Parabéns, meu caro Paulo, pela magnitude da obra com que brinda, mais uma vez, os seus leitores.

IVES GANDRA DA SILVA MARTINS,
Professor Emérito das Universidades Mackenzie, UNIP, UNIFIEO, UniFMU, do CIEE/O Estado de São Paulo, das Escolas de Comando e Estado-Maior do Exército – Eceme – e Superior de Guerra – ESG; Professor Honorário das Universidades Austral (Argentina), San Martin de Porres (Peru) e Vasili Goldis (Romênia); Doutor Honoris Causa da Universidade de Craiova (Romênia) e Catedrático da Universidade do Minho (Portugal); Presidente do Conselho Superior de Direito da Fecomercio – SP e da Câmara Arbitral da Fecomercio – SP; Fundador e Presidente Honorário do Centro de Extensão Universitária do IICS – Instituto Internacional de Ciências Sociais; Membro das Academias Internacional de Cultura Portuguesa, Brasileira de Letras Jurídicas, Brasileira de Filosofia, Paulista de Educação e Paulista de Letras.

APRESENTAÇÃO DO AUTOR

ESTA OBRA, COMO, ALIÁS, TODAS AS DEMAIS que publicamos ao longo de nossa vida de educador (centenas e centenas entre pareceres técnicos, aulas magnas, artigos e entrevistas, livros e libretos) tem por objetivo tentar identificar as principais interfaces da crise que avassala o setor educacional brasileiro, e sugerir mudanças que, pelo menos em parte, possam minimizar os efeitos perversos que ela acarreta ao futuro das novas gerações. Sabe-se que o País, dadas as transformações profundas que vêm atingindo suas estruturas socioeconômicas, a partir da segunda metade do século XX, acabou por assumir irreversível compromisso com o desenvolvimento, com vistas a aproximar-se do fechado e seleto clube do primeiro-mundismo. Não há como reverter esse destino. E, nesse processo, como todos sabem, a educação do povo, como um todo, faz-se indispensável. Não aquela educação que apenas diploma os alunos na conclusão dos cursos formais do sistema de ensino, mas a verdadeira, que realmente insere as novas gerações no universo do conhecimento e torna apto até mesmo o mais humilde dos habitantes a participar conscientemente das práticas cidadãs e do processo econômico da nação. É exatamente essa qualidade, hoje denominada pertinência, que vem faltando à educação brasileira, em todos os seus graus e modalidades, o que acarreta um desastroso atraso nas pretensões do País de ombrear-se o mais rápido possível com as nações líderes do mundo contemporâneo.

As críticas e comentários desenvolvidos nas três partes de que se compõe o livro (*Diagnósticos, Pontualidades* e *Temas Atuais de Educação e Gestão*) nada têm de pessimistas e negativas, antes se inspiram no axioma segundo o qual, para resolver os problemas deste ou daquele setor, é preciso antes conhecê-los, especialmente nos seus aspectos mais doentios e menos aceitáveis. Outrossim, nunca esteve nas intenções do autor oferecer receitas curativas, que façam o milagre de metamorfosear essa patológica crise num seio de Abraão. Até porque a luz – e por conseguinte a solução – sempre nasce da ampla e minuciosa discussão do problema.

Ninguém neste mundo será capaz de, individualmente, oferecer o milagroso remédio para a cura dos males que ora incidem sobre os nossos sistemas de ensino. Nem mesmo Aristóteles, que tudo sabia dos saberes do seu tempo, seria capaz dessa façanha – pois, dada a velocidade e o volume dos conhecimentos que se acumulam no acervo cultural da modernidade, faz-se impossível o aparecimento, hoje, de novos "aristóteles".

O nosso intuito ao escrever estas reflexões e indicar este ou aquele caminho capaz de minimizar a gravidade da crise que, desde muito, vem inutilizando os esforços de professores para ensinar e de alunos para aprender, foi apenas o de contribuir para a discussão, que se vem alargando ultimamente e, felizmente, nos arraiais da escolaridade brasileira. E contribuir de alguma forma para que se abandone esse vezo, tão arraigado no comportamento de nossas autoridades educacionais, de tentar justificar os fracassos com desculpas esfarrapadas, obrigando-as a assumir a realidade do que vem acontecendo, em nome de dois valores, que se sobrepõem aos demais: de um lado, o respeito devido ao direito de crianças e jovens de receberem uma educação de qualidade e, de outro, a ajuda devida ao Brasil na busca do sonho possível de chegar ao primeiro mundo. Boa leitura!

PAULO NATHANAEL PEREIRA DE SOUZA

PARTE I

DIAGNÓSTICOS

● O processo da alfabetização entrou em decadência e o ensino fundamental foi acumulando insuficiências e distorções, que se reproduzem, com gravames acentuados, nos graus posteriores de escolaridade.

CAPÍTULO 1

A CRISE: GENERALIDADES

A CRISE QUE ENVOLVE A EDUCAÇÃO BRASILEIRA é parte de outra, muito maior, que se manifesta em todo o mundo, seja nos países desenvolvidos, seja nos emergentes. A era da informação, que tem revolucionado o modo de ser individual e coletivo, a natureza dos negócios, a organização social, o poder político e a própria cultura – com profundos reflexos na arte e na ciência da educação – exige uma nova postura de cada ser humano perante si mesmo e perante os desafios criados pela velocidade dessas mudanças.

A herança cultural da humanidade, que constituiu até aqui a matéria-prima da educação tradicional praticada pelas escolas de todos os tipos, modalidades e graus de ensino envelhece com incrível rapidez. Já não consegue sozinha explicar nem as indagações filosóficas do nosso tempo, nem quais atitudes e saberes são exigidos por um futuro cada vez mais presente. Vai ela, pouco a pouco, convertendo-se em conhecimentos de tipo museológico.

Se isso é um bem ou um mal, um ganho ou uma perda, algo a aplaudir ou lamentar, só o tempo vai dizer. O que resta a educadores, intelectuais, empresários e líderes de todo jaez é constatar essa realidade que nos rodeia e que, de nós todos, cobra novos compromissos para tentar compreendê-la, dominá-la e utilizá-la no benefício global. O mundo de ontem, tomado como modelo único, como vem sendo feito, terá pouca validade para os que deverão viver amanhã.

No Brasil, essa crise ganha gravidade crescente, dadas as carências que o País apresenta nesse seu arranque para o desenvolvimento. O grande caminho para se chegar aos novos padrões de convívio entre a inteligência humana e a busca das novas verdades desse "admirável mundo novo" (para usar a expressão cunhada pelo escritor inglês Aldous Huxley) passa necessariamente pela educação. Não pela educação tecnoburocrática, organizada pela visão conservadora e controladora de educadores e administradores de plantão, a qual se referencia sempre mais pelo passado do que pelo presente, e se projeta inevitavelmente na organização de um sistema de ensino cada vez mais esclerosado e "diarioficializado". Mas, sim, pela educação voltada para as novas necessidades, para os novos saberes, para as novas tecnologias da comunicação, em que a liberdade e a criatividade de alunos e professores devem conduzir o processo de aprendizagem, em contraste com o pedagogismo de regras rígidas e quase sempre inúteis, fixadas pelos órgãos do sistema e operadas por professores, não raro mal formados em faculdades que não inovam.

Afinal, como continuar a estruturar cursos com conteúdos que dia a dia se tornam obsoletos e perdem a conexão com a avalanche de outros saberes, advindos de todos os quadrantes da Terra, a cada hora que passa? Cada centro de educação, daqui para o futuro, deverá transitar das aulas do *magister dixit* para ambientes de discussão, pesquisa,

DIAGNÓSTICOS

consonâncias e dissonâncias, em que a internet e as bibliotecas se associarão, no apoio à construção do saber, e os professores atuarão como verdadeiros maestros de orquestra, inspirando, coordenando, articulando, assessorando e avaliando o produto final do ambicionado conhecimento, sempre conectado em tempo real com as antenas do mundo de amanhã. Trata-se de reviver uma espécie de maiêutica socrática, em que as dúvidas e indagações prevalecem sobre as certezas. Ressucitar um "Sócrates modelo século XXI" e construir um tipo de autodidaxia, como pensa o oxfordiano Sir George Pickering: "O ensino formal deve fazer de cada aluno um autodidata para a vida toda".[1]

Que transformações sofrerão as escolas em sua arquitetura, seu equipamento e seu *layout*? Que revoluções se terão que fazer na formação e na permanente atualização do professorado? Quanta autonomia deverá presidir a vida das universidades? Mas como isso já se vai tornando tema para outra análise, voltemos ao que diz respeito ao nosso tema e, à luz dessas e outras referências, examinemos um pouco o estado da arte do ensino no Brasil contemporâneo, notadamente do ensino básico.

●

Desde uns trinta anos a esta parte, vimos proclamando em nossos escritos que o Brasil sempre soube educar suas elites, sem que tenha aprendido a educar o povo.[2] Infelizmente, o tempo passou e os acontecimentos só fizeram nos dar razão, porque, em pleno século XXI, o País continua mal-educado e, o que é curioso, até mesmo as elites que, com a explosão demográfica, cresceram e se diversificaram

---

1 George Pickering. *O Desafio à Educação*. Rio de Janeiro: Zahar, 1967.
2 Paulo Nathanael Pereira de Souza. *Desafios Educacionais Brasileiros*. São Paulo: Pioneira, 1979.

CAMINHOS E DESCAMINHOS DA EDUCAÇÃO BRASILEIRA

intensamente, não mais conseguem concluir sua escolaridade com uma formação adequada aos reclamos do momento.

É bem verdade que as oportunidades educacionais aumentaram substancialmente nos três graus de ensino, de cinquenta anos para cá. Todos reconhecem, no entanto, que a qualidade e a pertinência da escolaridade decaíram visivelmente na razão inversa desse crescimento. O processo de inchaço que permeou o sistema, em vez de democratizá-lo e torná-lo eficiente, como seria desejável, ao contrário, adoeceu-o e massificou-o, tirando-lhe o pouco de eficácia que teve um dia, quando a população escolar apresentava certa dose de homogeneidade e elitização e, por isso mesmo, aproveitava melhor os estudos.

O processo da alfabetização entrou em decadência e o ensino fundamental foi acumulando insuficiências e distorções, que se reproduzem, com gravames acentuados, nos graus posteriores de escolaridade. Os alunos, que passaram a constituir uma massa heterogênea e destituída quase sempre da maturidade exigida para uma eficiente aprendizagem, têm saído desse primeiro nível de desenvolvimento intelectual mal sabendo ler, escrever e contar. Tal despreparo os transforma, no máximo, de analfabetos puros em analfabetos funcionais e, como tais, mostram-se incapazes de um rendimento sofrível na continuidade de estudos, quer no ensino médio, quer no técnico, quer no superior.

Excetuadas as pequenas minorias, que por razões muito especiais de estímulos familiares e saúde intelectual têm conseguido salvar-se desse naufrágio coletivo, a grande maioria acaba sendo vitimada pelo processo geral de degenerescência do sistema. Instalou-se nas salas de aula o predomínio da "lei dos comboios", segundo a qual a velocidade da unidade mais lenta determina a velocidade do conjunto. E o fenômeno educativo, que só se justifica pela conquista de patamares

DIAGNÓSTICOS

sucessivamente mais elevados de desempenho, cedeu lugar ao descenso cada vez mais acentuado de níveis, por força da necessidade minimalista de obrigar os melhores a se nivelarem aos piores.

•.

Isso ocorre justamente no momento em que o saber passou a ser o pré-requisito do poder, ou seja, a causa maior da *powershift* na era da informação. Assistimos, pois, ao triste espetáculo de gerações que partem para a competição com vistas ao sucesso, inteiramente desinstrumentalizadas para a guerra em que se converteu a luta hodierna pela sobrevivência. A escola brasileira está longe da sua primeira missão, que é a de capacitar pessoas para o desenvolvimento, seja ele individual ou nacional. Faltam-lhe modernidade e funcionalidade, que a Unesco, órgão da ONU para a educação e a cultura, passou a chamar de *pertinência*. A educação brasileira carece de pertinência.

Iniciemos, pois, num sobrevoo panorâmico, a breve abordagem de algumas impertinências, presentes em cada grau de ensino, para melhorar o entendimento do quadro crítico. Focalizemos primeiro o ensino fundamental, que, até 1971, se denominava primário e ginasial e que, a partir daí, foi rebatizado como ensino de 1º grau, até chegar à denominação atual, que lhe foi dada pela nova Lei de Diretrizes e Bases (LBD) da Educação (Lei nº 9.394/96), com raízes na Constituição em vigor.

Pela Constituição de 1988, o ensino fundamental deve ser universal e obrigatório. Isso porque, para a maior parte da população ele será o único contato possível com a educação formal ao logo de toda a vida. Daí poder-se dizer que cada país será o que for a sua educação fundamental, tanto no que diz respeito à prática da cidadania quanto no que se refere à capacitação para o trabalho. A qualidade de vida das pessoas vincula-se estreitamente às aprendizagens obtidas nesse 1º degrau de escolaridade.

Não basta, entretanto, que os formados exibam um certificado de conclusão de curso, pois o diploma é um atestado formal e não a garantia de qualificação intelectual. Para ter valor efetivo, é preciso que esse diploma tenha atrás de si uma sólida bagagem de saberes. Primeiro, ele precisa garantir o domínio efetivo, pelo portador, dos instrumentos básicos da atividade cultural: leitura, escrita e cálculo. Em segundo lugar, deve significar a consciência madura e a ampla compreensão do significado do meio social, nacional, regional e local em que vive cada educando.

Finalmente, dada a mudança veloz da realidade promovida pela atual hegemonia da ciência e da tecnologia, os novos deuses que regem o destino do homem e o obrigam a atualizar-se permanentemente pela via da educação continuada terão que dotar todos os que estudam da capacidade de autodidaxia, isto é, de aprender e reaprender por conta própria, para que não se percam nos descaminhos da desatualização.

Para tanto, não basta, como antigamente, que apenas se aprenda mecanicamente a ler, contar e escrever. É preciso inserir a aprendizagem no contexto social, político e cultural de cada aluno, com vistas a aprimorar seu senso crítico e a amadurecer sua livre capacidade de escolha e de tomada de decisão em todos os momentos de vivência de sua cidadania.

Alfabetizar é mais do que conhecer o alfabeto, porque envolve um permanente exercício de ampla culturalização através da aquisição de um saber mínimo indispensável, como exigência básica da contemporaneidade. As nossas escolas elementares estão preparadas para isso? Estão os nossos professores capacitados para tanto? Porque,

DIAGNÓSTICOS

se não estiverem, todo o esforço de universalização do ensino fundamental poderá ser mais ilusório do que efetivo nos seus resultados.

O que se tem visto quase sempre é uma preocupação dos especialistas em seguir parâmetros de modismos pedagógicos pouco aplicáveis à nossa realidade social. No entanto, o principal problema reside no fato de que, dada a heterogeneidade do público-alvo da alfabetização, uma mistura de crianças com maturidade para a aprendizagem (porque trazem de casa um rico currículo familiar) com outras (sem essa condicionante do aproveitamento educativo – certamente a maioria), acaba não havendo didáticas especiais para grupos diferenciados, e serve-se o mesmo cardápio pedagógico para preparados e despreparados, maturos e imaturos.

•.

Em vez de tratar desigualmente os desiguais, trata-se todo mundo de forma igual, o que tem redundado em reprovações em massa e taxas escandalosas de evasão, que só fazem engrossar as estatísticas do analfabetismo funcional do País. Para agravar a situação, adotou-se em alguns sistemas de ensino, dentro de um mal compreendido construtivismo, a progressão automática – pela qual nem se ensina, nem se avalia o que se não ensina, de tal modo que se deixa ao arbítrio da natureza de cada aluno interiorizar ou não o que se deveria aprender metodologicamente nesse grau de escolaridade. Não é por acaso que, recentemente, mães têm entrado com ações na Justiça para que seus filhos sejam reprovados na última série das escolas públicas, visto que estariam ameaçados de ser analfabetos diplomados, que nada sabem.

Essas barbaridades contam com as bênçãos de governos equivocados, que querem, de um lado, apresentar relatórios internacionais com estatísticas favoráveis ao sucesso escolar, e, de outro, fazer jus talvez a melhores dotações financeiras do Fundo de Manutenção e Desenvolvimento do Ensino Básico e de Valorização do Magistério (Fundeb). Para quem lê os resultados das mais recentes avaliações da aprendizagem em português e matemática, segundo os quais 22,21% e 12,53% respectivamente dos alunos concluem a quarta ou quinta série do ensino fundamental sem saber minimamente ler, escrever ou calcular, Sheakespeare continua a ter razão: "Há algo de podre no reino da Dinamarca!".

Com isso, a fábrica de analfabetos no Brasil continua a funcionar a todo vapor. Os milhões deles, sem contar os funcionais, que hoje vergonhosamente o País exibe para o mundo, saltarão para muitos outros milhões se não houver vontade política para superar eficazmente as carências que infernizam os sistemas de ensino brasileiros.

•

Quanto ao ensino médio, sempre viveu meio que enjeitado no sistema escolar. Primeiro, porque foi o último a nascer formalmente, no Brasil, o que só aconteceria na segunda metade do século XIX, com o funcionamento do modelar Colégio Pedro II, no Rio de Janeiro. Depois, porque andou muito tempo de ceca em meca, sem conseguir criar um perfil adequado a seus fins, pois surgiu como grau propedêutico para a elite endereçada ao ensino superior e passou, em 1971, pela estreito desfiladeiro da Lei nº 5.692, que o converteu num monstrengo pedagógico, ao tentar concebê-lo como um curso de profissionalização técnica obrigatória para a juventude, sem a prévia e necessária aquisição de conhecimentos gerais.

Apesar da expansão explosiva do ensino primário ocorrida nos anos 1950, que provocaria naturalmente um fluxo maior de alunos para o ensino de 2º grau ou médio, não houve cuidados com ele nos planos educacionais que se seguiram. E faltaram vagas, o que

DIAGNÓSTICOS

fez com que a crise, nesse segmento do sistema, juntasse duas carências essenciais: a de qualidade e a de quantidade. Coisa que continua a ocorrer.

Em termos conceituais, o assunto só ficou mais bem resolvido com o advento da LDB, em 1996, que nos seus Arts. 35 e 36 concedeu autenticidade ao ensino médio, ao dar lhe como fins:

1 a consolidação e o aprofundamento de estudos do ensino elementar;

2 a preparação integrada para o trabalho e a cidadania;

3 a formação ética e o desenvolvimento da autonomia intelectual e do pensamento crítico do jovem;

4 a compreensão dos fundamentos científicos e tecnológicos dos processos produtivos.

Na prática, porém, o ensino médio ressente-se de apoio mais rigoroso dos órgãos superiores do ensino, pois ainda é preciso mais que apenas dobrar as vagas para abrigar todos os egressos do ensino fundamental, além de dar eficácia curricular e programática aos fins acima descritos, que são adequados, mas sozinhos e sem aplicação pertinente, perderão inteiramente a sua significação.

Também nesse grau médio, as avaliações periódicas têm constatado, entre os alunos, mais a presença de ignorâncias do que de saberes, notadamente nas disciplinas científicas, dada a notória carência de professores qualificados de matemática, física, química e biologia, os quais, quando existem, eximem-se da docência, dada a precariedade salarial desse segmento profissional, e migram para setores mais atraentes do mercado.

•

Também não há muita certeza de acerto quanto à solução adotada pelos dirigentes do sistema nos anos 1990, ao separar inteiramente o ensino médio, de fundo humanístico e científico, do ensino técnico, de objetivos profissionalizantes. Isso não só ressuscitou a velha dicotomia do ensino humanístico *versus* ensino profissional – ou seja, um ensino para nossos filhos e outro para os filhos dos outros – como também retardou muito a entrada dos jovens no mundo do trabalho, pois o ensino geral de três anos passou a ser pré-requisito do técnico que dura outros três anos.

Além disso, o jovem é colocado numa encruzilhada: de posse do diploma de ensino médio, ele poderá optar entre o técnico, com formação de escolaridade básica, ou ir diretamente ao superior. Claro que o ensino superior passa a ser mais atraente.

Há que dar, pois, razão integral àqueles que andam vendendo a ideia de uma *quarta série optativa*, ao cabo da conclusão do ensino médio: ou para aprofundamento de estudos gerais, com vistas a vestibulares, ou para a iniciação profissional. Parece ser uma solução mais próxima ao espírito do Art. n° 35 da LDB e mais adequada às condições socioeconômicas do Brasil.

•

Quanto ao ensino superior, grande parte dos problemas que o afetam tem raízes nas deficiências trazidas pelos alunos dos graus anteriores de escolaridade: alunos que não leem, nem escrevem com compreensão e clareza. Alunos que não conseguem aprender matemática e

DIAGNÓSTICOS

lógica, pré-requisitos básicos para o indispensável domínio da linguagem digital. Alunos que não se comunicam, por insuficiência vocabular e gramatical. Alunos que têm dificuldade de compreender o mundo físico e social em que vivem. Alunos que estão intelectualmente alijados do pensamento codificado de nível científico, que constitui a semântica própria de uma educação universitária.

Esse é o lamentável quadro com que se convive, atualmente, nas salas de aula dos cursos superiores de graduação, e até – por que não dizê-lo? – da pós-graduação.

Tudo porque, devido ao processo de massificação do acesso à universidade, ocorrida a partir da reforma desse grau de ensino em 1965, que ensejou a *quantificação, mas não a qualificação do processo*, a heterogeneidade cultural dos alunos adentrou as escolas superiores, dando ensejo à aplicação, também ali, da já referida "lei dos comboios".

Mesmo sabendo que aprendizes menos velozes não seriam capazes de acompanhar as exigências naturais dos cursos, resolveu-se obrigar todo mundo a defrontar-se com exigências antes destinadas apenas às minorias mais bem dotadas, em vez de diversificar o sistema e oferecer programas e cursos suportados por currículos, durações e didáticas alternativas e adequadas aos vários níveis de preparo dos candidatos – como se faz nos países mais desenvolvidos, a fim de não privar ninguém de oportunidades para cursar a educação superior.

Como não poderia deixar de ser, o desastre foi se generalizando. Os bons alunos ficaram privados de estímulos para progredir intelectualmente. Os maus passaram a ser promovidos sem nada aprender. O ensino integrado à pesquisa e à extensão não chegou a ser praticado adequadamente, para dar lugar a essa comédia, em que *professores fingem que ensinam e alunos fingem que aprendem*. Os docentes, mal pagos e desestimulados, expõem as feridas abertas de seu fraco

CAMINHOS E DESCAMINHOS DA EDUCAÇÃO BRASILEIRA

desempenho. Os centros de excelência, quase sempre localizados na rede pública, entram em lastimável decadência, dado o nível intelectual precário dos alunos, advindos da explosão sem qualidade do ensino privado, cujo crescimento não foi acompanhado nem da consciência da missão educativa da maioria de seus mantenedores, nem da melhoria mínima a ser exigida dos seus cursos (exceção feita, ↄ claro, a alguns casos pontuais); dessa forma, a crise só fez ampliar-se.

Quanto à política educacional, ela tem se preocupado, de preferência, com um sistema quantitativo de avaliação, antes de oferecer ajuda às escolas para a criação da qualidade de ensino. As novas faculdades se multiplicam, não propriamente com o objetivo de harmonizar seus propósitos com as modernas exigências do Brasil e do mundo, mas principalmente para engrossar estatísticas de oferta de vagas nesse grau de ensino, numa sucessão de distorções que vem pondo os educadores mais responsáveis de cabelo em pé.

No fundo, no fundo, uma das razões da permanência e do agravamento progressivo desse estado de coisas deve-se às próprias origens do ensino superior no Brasil. Nasceu ele pelas mãos do príncipe D. João em 1808, com três características que se cristalizaram no tempo: o curso isolado, o objetivo profissionalizante e a clientela elitizada. Em vez de implantar desde logo um modelo universitário, à semelhança da Universidade de Coimbra, em Portugal, D. João preferiu optar pelo *pior* modelo, a fim de atender ao apelo dos fidalgos da Bahia e do Rio de Janeiro, cujos filhos, por força do bloqueio marítimo da Europa, implantado por Napoleão, estavam impedidos de virar doutores.

O primeiro curso seria logo o de Medicina, o mais complexo de todos. De um lado, porque a saúde dos brasileiros era lastimável, com a falta de higiene reinante e as febres terçãs que grassavam na Colônia; de outro, talvez, porque sobejassem na vassalagem da família

DIAGNÓSTICOS

real os médicos para tratar da rainha Maria I, a Louca, dos quais muitos se tornariam docentes do curso criado. Quanto aos alunos, estavam mais interessados em reafirmar seu *status* socioeconômico com um título acadêmico do que aprender algo que os tornasse profissionalmente atuantes e competentes. A receita joanina atravessou séculos e presidiu, como ainda hoje preside, a expansão e a diversificação dos cursos superiores.

•.

A universidade, de longe o complexo científico-cultural mais apropriado à formação superior de cerebrações e talentos, tem vida recentíssima no Brasil, pois nem ainda completou um século. Além disso, nasceu um tanto quanto anedoticamente, pois sua gestação não seguiu o caminho natural da acumulação dos feitos científicos e dos avanços filosóficos, literários e da pesquisa básica, mas surgiu já pronta, como Minerva da cabeça da Júpiter, no Rio de Janeiro dos anos 1920 do século passado, ao que consta, para homenagear o rei Alberto da Bélgica, com o título de *doutor honoris causa*. Se não houvesse universidade, não haveria título, daí a se juntarem emergencialmente vários cursos isolados da capital da República num feixe amarrado com as melhores intenções e, por ato legal, para erigir-se a universidade, cuja única integração deveria fazer-se, na cúpula, por intermédio de um reitor.

Assim como o ensino superior no Brasil nasceu antes do básico para atender à elite em desfavor do povo, também os institutos isolados nasceriam antes da universidade, e, passados tantos anos do surgimento desta, continuariam a impor entre nós os seus critérios de organização e funcionamento a toda a rede de ensino superior.

Com as raras exceções de praxe, o modelo universitário praticado no Brasil traz de suas origens os pecados dos *cursos atomizados*, que ainda hoje, em regra, são somados mecanicamente entre si para possibilitar a mudança institucional das escolas superiores, de isoladas em universidades. A principal consequência dessa metamorfose é a eterna incapacidade da universidade brasileira para a prática de sua autonomia assegurada pela Constituição, nos aspectos acadêmico, administrativo, disciplinar e financeiro, mas nunca efetivada na prática. E, como ensinar a liberdade de pensar, criar, pesquisar, agir e empreender, que está na raiz da missão da universidade, sem que ela mesma exerça, em sua plenitude, a autonomia que a lei lhe assegura? Eis aí uma pergunta, cuja resposta todos gostariam de saber.

•.

Cabem aqui duas questões interessantes:

1 Haverá solução possível para as insuficiências e as impropriedades que afetam o ensino brasileiro nos seus diversos graus de organização e funcionamento?

2 Existirá alguém que possa oferecer soluções ideais para a crise educacional que perturba o País?

A resposta à primeira pergunta é *sim*, porque soluções sempre existem. Basta que na sociedade e no governo se aguce a consciência do querer e do dever fazer. Caso os recursos necessários para tanto, face ao gigantismo da tarefa, se mostrem insuficientes, que se elejam prioridades, e nelas se concentrem os esforços conjugados dos órgãos públicos e das organizações comunitárias. A responsabilidade é de todos e por todos deve ser assumida.

DIAGNÓSTICOS

Quanto à segunda questão, a resposta é *não*, pois as soluções para uma crise dessa dimensão não dependem de fórmulas engenhosas, nascidas de um ou outro cérebro individual, por mais brilhante que possa ser. A Lei de Diretrizes e Bases e o Plano Nacional de Educação contêm insumos preciosos para encaminhar algumas soluções. Mas é indispensável que esses textos sejam debatidos, escolhidos e aplicados em amplos fóruns permanentes, que reúnam especialistas de formação diversificada e notória experiência, capazes de saber como entrosá-los com as necessidades atuais do País. Haveria que convocar para um colegiado deste tipo: trabalhadores, pais, sacerdotes, empresários, pensadores, educadores, todos, enfim, que formam com suas opiniões e seu saber a consciência nacional, e cujas aspirações de futuro coincidem com os ventos da modernidade que já sopram intensamente no país.[3]

Fica cada dia mais evidente que os problemas da educação não se resolvem só com uma proposta unilateral de um especialista. É mister ampliar seu espaço de discussões e sugestões para uma pluralidade maior de partícipes de variadas óticas, que busquem gerar decisões mais amplas e consentâneas com o interesse geral da sociedade, tendo em vista a busca da já citada pertinência.

O fórum de que se fala nestes comentários terá que ser composto por especialistas experimentados em educação e mais as lideranças de setores conexos, que possam opinar sobre rumos e soluções a ser considerados para o setor. Isso porque já não conseguem os *policymakers* de um só governo e de um só assunto dar conta do recado nas soluções parciais e pontuais que sugerem para a superação

---

3 É preciso não confundir um fórum desses, que tenha o peso da sabedoria e da *expertise* de seus participantes, com convescotes ideológicos de plenários turbulentos e confusos, que levam o nome de fóruns.

da crise. Tudo porque a reorganização dos sistemas de ensino no Brasil, dada a gravidade da crise, deve depender de uma política de Estado, que ultrapasse mandatos eleitorais, e não de governos de curto prazo que sofrem influências contraditórias. Sem falar na incompetência dos aparelhamentos partidários, alimentados pela ideologia e pelo compadrio.

•.

No mundo contemporâneo não há mais lugar para os despreparados intelectualmente. Vivemos nova era do conhecimento, em que a informação passou a ser a ferramenta básica da sobrevivência dos indivíduos e das nações. A *powershift* – mudança do poder –, como diagnostica Alvin Toffler, o moderno guru da cultura tecnologizada, conduz hoje, em toda parte, as novas relações econômicas, sociopolíticas e culturais. *Um mundo só*, de autoria de Wendell Willkie[4], há mais de meio século, acabou se convertendo no mundo mínimo, que, pela ação de computadores e satélites de comunicação se integra, em tempo real, através das informações que circulam pelo espaço na forma de *bytes*, zumbidos e telas luminescentes. Daí a inevitável globalização dos procedimentos econômicos e culturais, que afetam a organização política e social dos povos, além de destruir ou, pelo menos, tornar obsoletos procedimentos seculares e crenças tidas como inabaláveis.

Abundam nas livrarias obras que buscam entender e testemunhar o que vem acontecendo, e sua titulação insiste na palavra *fim*, como se realmente toda uma era estivesse chegando a seu ocaso: fim do emprego, fim dos impérios, fim das verdades absolutas, fim da

---

4 Wendell Willkie. *One World.* New York: Simon & Schuster, 1943.

DIAGNÓSTICOS

História, fim das riquezas tangíveis, fim da moeda-papel ou metálica, e predomínio da escritural, fim das soberanias nacionais na ordem política, e assim por diante. Estamos vivendo muitos *fins* e isso nos traz insegurança e temor. A saída está no conhecimento e na sua correta aplicação para a solução dos nossos problemas.

Adquirir saber e ter capacidade para praticá-lo no dia a dia passa a ser o desafio do nosso tempo. Não se trata de uma questão quantitativa como a de ensacar conhecimentos nos cérebros, até porque isso seria não só impossível como também inútil. Afinal, com o velocíssimo desenvolvimento científico e tecnológico ocorrido a partir do fim da Segunda Guerra Mundial do século XX, não há mais cérebro humano capaz de conter esse crescente armazenamento de sabedoria global. Se Aristóteles sabia tudo o que se codificou filosófica e cientificamente, naqueles remotos anos antes de Cristo em que viveu, não há, hoje, possibilidade de existirem novos "aristóteles".

A questão do acúmulo de saber por pessoa é qualitativa, passa por uma seleção de necessidade e conveniência, ficando o quantitativo armazenado, codificado e classificado nas bibliotecas e, sobretudo, nos computadores. Não é por acaso que o ser humano veio a dispor do recurso da digitalização, cuja ilimitada capacidade de estocagem a transforma em inesgotáveis depósitos universais do conhecimento acumulado. Se esse conhecimento levava séculos para dobrar de volume, hoje demanda apenas meses para acontecer. Não há, pois, como pretender que a inteligência humana absorva a incalculável massa desse saber em permanente processo de multiplicação.

Há, sim, que educar o intelecto de cada indivíduo para, competentemente, ensiná-lo a apossar-se do saber capaz de ampará-lo na luta pela vida e de estimulá-lo na progressividade do seu sucesso. É essa seletividade intelectual que vai caracterizar o homem educado do século XXI, ajudá-lo a navegar no mar de mudanças, que o cercará pela vida toda, e instrumentá-lo para a intensa competitividade a que estará sujeito daqui para a frente. E, por consequência, fundamentar novas pedagogias para os sistemas educativos.

Aqui, tocamos no próprio fulcro da crise que, desde sempre, vem acometendo a educação brasileira, colocando-a entre as menos eficazes do mundo contemporâneo.

CAPÍTULO 2
INTERFACES DA CRISE

1 POLÍTICA EDUCACIONAL

POR NÃO DISPOR DE UMA POLÍTICA EDUCACIONAL consistente que inspire os administradores da macro (Sistemas Educacionais) e da microeducação (Escolas e Redes Escolares) na definição do que deve ser feito no curto, no médio e no longo prazo, o Brasil vive hoje uma crise ampla e profunda, que parece não ter fim.

Sente-se a falta de referências filosóficas e culturais para guiar os *policymakers* nos seus projetos, e os professores nos seus programas, de tal forma que ninguém sabe dizer com clareza e competência *para que se educa, a quem se deve educar* e *como se educa* em todos os graus de escolaridade que compõem os sistemas federal, estadual e municipal de ensino.

Vai-se fazendo como se pode, mas sem horizontes futuros bem definidos e visualizados. A única referência levada em conta pelos que atuam no ensino brasileiro, desde a educação infantil, até a pós-graduação universitária, tem sido o que reza o Art. nº 205 da Constituição de 1988, ao assim se expressar no seu Capítulo 3 (Da Educação da Cultura e do Desporto):

> *A educação, direito de todos e dever do Estado, será promovida e incentivada com a colaboração da sociedade, visando ao pleno desenvolvimento da pessoa, seu preparo para o exercício da cidadania e sua qualificação para o trabalho.*

Tudo muito vago, como se vê, e que, por uma espécie de ato falho dos constituintes de 1987, não deixou de repetir o que já dispunha a Lei nº 5.692 (o principal texto legal sobre educação no regime militar), que também dizia ter a educação por objetivo

> *a formação necessária ao desenvolvimento das potencialidades do educando, como elemento de autorrealização, qualificação para o trabalho e preparo para o exercício consciente da cidadania.*

Assim, os textos vão se repetindo, sem nada acrescentar em termos de rumos e avanços pedagógicos, a tal ponto que entre os anos de 1971 (ano de início da vigência da Lei nº 5.692/71) e o ano de 1988 (ano da promulgação da Constituição do período de redemocratização) nada mudou no capítulo das deficiências da educação nacional.

Da mesma forma, parece que de lá pra cá (de 1988 a 2010) também não se teve notícia de melhorias significativas capazes de minorar as agruras do setor. Em rigor, esse é um texto, tanto da antiga LDB de 1971 quanto da Constituição de 1988, ainda em vigor, que, de *tão ambíguo,* cabe igualmente num regime democrático, como em outro, de caráter autoritário. Isto porque falta na base dessas

DIAGNÓSTICOS

declarações de intenções, tão genéricas, um mais preciso posicionamento filosófico quanto à formação dos educandos para o exercício da liberdade (desenvolver aptidões, fortalecer a cidadania e iniciar no trabalho foram também objetivos educacionais tanto do nazismo, como do comunismo e do fascismo!). São proposições totalmente insuficientes para o Brasil contemporâneo que, politicamente, optou, sem sombra de dúvida, pela democracia e pelo desenvolvimento econômico e social, devendo cuidar da preparação dos jovens para o uso responsável da liberdade como prioridade número um e para a eficiente capacitação profissional.

•.

Outrossim, há um indisfarçável sabor de sociologismo político, quando impropriamente se insiste em subordinar o processo educativo aos movimentos sociais e a organizações da sociedade civil (Art. 1º da Lei nº 9.394/96).

Nada disso deveria condicionar a educação. Pelo contrário, é a educação que deve determinar, em cada educando, as opções futuras pelo trabalho e pela prática social. Essa inversão de valores no papel da escola, e desses fatores da atuação dos cidadãos ainda em formação, acaba trazendo confusão inevitável aos operadores do ensino, e impede a real e qualificada eficácia das escolas.

Aonde queriam chegar os que incluíram essas expressões, tanto na Constituição como nas LDBs? Não há como saber, e apenas se pode especular que, na falta de uma referência filosófica mais explícita, ficam essas divagações, um tanto quanto ideologizadas, soltas para o uso circunstancial de governos variados, notadamente os que têm doutrinas sociais como religião e escolas como seus novos templos. *O que se pode constatar é que a qualidade da educação brasileira só*

CAMINHOS E DESCAMINHOS DA EDUCAÇÃO BRASILEIRA

conseguiu piorar nos últimos anos, com as variadas tentativas de aplicação desses princípios legais.

Nesse assunto de política educacional, os administradores, os políticos e os educadores terão que partir do zero e, com urgência, tentar estabelecer qual deverá ser a filosofia inspiradora da educação nacional. E que tipo de pessoas deve o Brasil formar, hoje, para que venham a construir o futuro da nação? Que Brasil queremos daqui para o porvir? A resposta a essas questões será o pré-requisito indispensável ao planejamento da ação educativa da população, a qual envolve coisas como: a estrutura dos sistemas de ensino, a organização das escolas, a definição dos cursos e dos currículos, a formação dos professores, as dotações orçamentárias etc. Por isso é que se deve sempre refletir sobre a frase de Frans de Hovre, autor da obra *Ensaio de Filosofia Pedagógica*[5], quando assinala que:

*A filosofia pedagógica não deve abarcar nem toda a filosofia, nem toda a pedagogia, mas somente a essência dessas disciplinas; **a alma da filosofia jaz na concepção de vida;** a da pedagogia, no estudo do ideal da educação e da formação. Quando se educa há que ter em vista fins desejados e selecionados: a filosofia é quem ilumina essas escolhas.*

E mais, diz Hovre: "Sem esse fundamento profundo, qualquer metodologia para nada serve". Não será esse o caso da educação brasileira, que custa fortunas orçamentárias para sustentar e expandir um ensino que não conhece exatamente o seu rumo?

A fixação de uma política educacional consistente depende dos seguintes fatores:

---

5 Frans de Hovre. *Ensaio de Filosofia Pedagógica*. São Paulo: Nacional, 1947.

DIAGNÓSTICOS

1 uma opção filosófica que ilumine os fins da educação nacional e a concepção de vida a ser desenvolvida pelo sistema de ensino em seus procedimentos didático-pedagógicos;

2 uma consciência clara das aspirações nacionais com a mobilização e o preparo das novas gerações para a conquista dos fins propostos;

3 leis maiores, como a Constituição e a LDB, que reflitam as definições relativas aos itens 1 e 2;

4 um Plano Nacional de Educação, que estabeleça prioridades quantitativas e qualitativas em cada grau de ensino e comprometa os educadores com a sua plena realização, ao atingir as metas propostas;

5 criação de um órgão de Estado, acima dos mandatos governamentais e dos Ministérios e Secretarias de Educação (que atuarão apenas na execução das medidas propostas) para definir, supervisionar, avaliar e reorientar a estrutura e o funcionamento do sistema de ensino, face o disposto nos itens 1, 2, 3, 4 acima indicados. A rigor, uma espécie de Agência Nacional para a Educação.

Isso posto, haveria como afetivamente transformar a insípida escolaridade atual, ferida pela crise, desorientada em seus rumos e deficiente em seus resultados, em algo producente e afetivamente pertinente em relação às necessidades individuais dos educandos e às aspirações nacionais concentradas no desenvolvimento socioeconômico do País em democracia, com cidadania esclarecida, e com menores desigualdades sociais, por meio da educação do povo. Na verdade, o que falta é uma bússola para os definidores das políticas do setor.

Uma referência importante para estudos desse teor encontra--se no ensaio sobre a crise da educação, no mundo, e especialmente nos EUA, escrito por Hannah Arendt em 1954, e inserido na obra que se intitula *Entre o Passado e o Futuro*[6], na qual se discutem com profundidade esses temas da filosofia e da política educacionais, como valores condicionantes da estrutura e do funcionamento da educação de um país. Uma questão a ser evitada sempre é a politização partidária dos cursos e graus de ensino, eis que, no seu processo de formação, os jovens são imaturos e facilmente arrebanhados pelos pretensos salvadores da pátria. A opção política do educando deve ser feita por ele mesmo, após a conclusão do ensino formal.

2 UMA OPINIÃO VALIOSA: ANÍSIO TEIXEIRA

No seu ensaio intitulado *A Crise Educacional Brasileira*[7], Anísio Teixeira já punha o dedo na ferida, ao indicar a causa da improdutividade da escola brasileira ao longo do período da Colônia, do Império e da República. Já então, condenava os modelos transplantados de países europeus e da América do Norte – todos de grande sucesso em suas origens (se bem que por força de uma cultura diferente, sem nenhuma afinidade com a do Brasil) e que para cá vinham e se instalavam nas redes de ensino, sem qualquer cuidado maior de climatização e ajustamento. Leiam-se suas colocações:

---

6 Hannah Arendt. *Entre o Passado e o Futuro*. São Paulo: Perspectiva, 2000.

7 Anísio Teixeira. *A Crise Educacional Brasileira*. Revista Brasileira de Estudos Pedagógicos, volume 19, nº 50. Brasília: Inep, 1953.

DIAGNÓSTICOS

O defeito original, mais profundo e permanente, de nosso esforço empírico de transplantação de padrões europeus para o Brasil, esteve sempre na tendência de suprir as deficiências da realidade por uma declaração legal de equivalência ou validade de seus resultados. Com os olhos voltados para um sistema de valores europeus, quando os não podíamos atingir, buscávamos, numa compensação natural, conseguir o recolhimento, por ato oficial, da situação existente como idêntica à ambicionada. (...)

Não poderemos analisar com justeza a situação escolar brasileira presente, sem antes considerar que o nosso esforço de civilização constitui um esforço de transplantação para o nosso meio, de tradições e instituições europeias, entre as quais as de Portugal e França. Como a escola foi e será, talvez, a instituição de mais difícil transplantação, por isto que pressupõe a existência da cultura especializada que busca conservar e transmitir, nenhuma outra nos poderá melhor esclarecer sobre o modo por que se vem, entre nós, operando a transplantação da civilização ocidental para os trópicos e para uma sociedade culturalmente mista. (...)

Não teve a nossa civilização outra escola senão essa, destinada a manter e a desenvolver a cultura intelectual e artística da humanidade, para tanto preparando um pequeno grupo de especialistas do saber e das profissões de base científica ou técnica. Tal escola não visava a formar o cidadão, não visava a formar o caráter, não visava a formar o trabalhador, mas sim a formar o intelectual, o profissional das grandes profissões sacerdotais e liberais, o magistério superior, para manterem enfim a cultura intelectual, especializada, da comunidade, de certo modo distinta da cultura geral do povo e, sobretudo, distinta e independente de sua cultura econômica e de produção. Daí o seu caráter intelectual e livresco, como se a escola comum nada mais fosse que uma expansão da escola tradicional, uma iniciação de toda a gente à carreira de letras, de ciências ou de artes, função até então de todos. (...) E assim se afasta da escola qualquer premência do fator eficiência, chegando-se a considerar tudo o que se pudesse chamar de prático ou utilitário como de pouco educativo. (op. cit.)

Pode-se ver, pela leitura desses excertos do pensamento de Anísio, exposto naquele longínquo 1953, que, de lá para cá, pouca coisa mudou na escolaridade básica do Brasil, pois continua ela cativa da ideia segundo a qual a educação das massas deve ser a mesma das elites, o que traduz um princípio da filosofia iluminista do passado, mas que de pouco vale para as necessidades atuais da educação popular em nosso país.

Outra ideia-força dessa monografia do ilustre educador baiano, diz respeito ao fato de que, ao longo do tempo, houve mudanças no modelo transplantado, mas não na extensão desejável, a ponto de se conseguir uma fusão necessária entre saberes humanísticos do passado com os de avanço científico que apontam para o futuro. A consequência disso é que os modelos pedagógicos em vigor no Brasil exibem duplicidade desses tipos de saberes, coisa que os modelos europeus já superaram desde muito. Como alerta Anísio:

Em todos os países democráticos, os sistemas escolares tendem a constituir um único sistema de educação, para todas as classes, ou melhor, para uma sociedade verdadeiramente democrática, isto é, sem classes, em que todos os cidadãos tenham oportunidades iguais de se educarem e se redistribuírem, depois, pelas ocupações e profissões, de acordo com a sua capacidade e as suas aptidões demonstradas e confirmadas. (...) A escola tem de se fazer prática e ativa e não passiva e expositiva, formadora e não formalista. (op. cit.)

DIAGNÓSTICOS

Esta é uma referência que convém à educação da sociedade brasileira, que busca a consolidação da democracia, e o preparo da população para obviar o desenvolvimento socioeconômico. Já era assim no século passado e, mais do que nunca, há que ser assim, hoje, sob pena de se perder, neste país, o vetor da História. Tudo tem a ver, como já se observou, com a necessidade de existir uma clara política educacional e um adequado modelo de escolarização nos diversos graus de ensino.

3 MODELOS OBSOLETOS

Outra grande razão do insucesso da educação brasileira reside no modelo pedagógico em vigor atualmente nos sistemas de ensino. É um modelo eivado de vícios do passado e defasado em relação às exigências atuais, o que o torna algo inaceitável pelo aluno, que nele vê uma velharia distante dos seus interesses e uma perda de tempo no cumprimento de formalidades didáticas. Daí, as três consequências desastrosas: reprovações em massa, evasões gigantescas e uma incapacidade cada vez maior para aprender, deficiência essa que, desde há muito, as avaliações de aproveitamento escolar vêm registrando. É como se os alunos adentrassem um túnel que deveria levá-los ao futuro, até porque a educação tem sempre a ver com a futurição (cada nova geração aprende para uma atuação competente no dia de amanhã) e, uma vez dentro dele, se apercebem de que seu rumo é o passado, com esse ensino livresco e discursivo, que ignora o papel da tecnologia da comunicação, e não explica em que medida os conceitos teóricos integram o seu dia a dia, em práticas que não são postas em evidência. Outrossim, há um excesso de matérias curriculares e, nelas, conteúdos de utilidade discutível – como se coubesse à escola transmitir ao aluno todo o saber organizado já produzido pelo homem e, não, ensinar-lhe saberes básicos. Além disso, prepará-lo para aprender mediante processos autodidáticos de busca e descoberta por conta própria, num indispensável direcionamento em busca da educação pertinente, que o mundo atual exige e a escola não consegue prover.

•.

Esse modelo, que aí está e ainda se pratica intensamente no Brasil, assenta-se num saber quase sempre já ultrapassado. Sua didática não se vale dos recursos da tecnologia da comunicação que demonstra que o aluno de hoje é mais imagético do que textual, e que dispõe de uma capacidade multifuncional, que distribui sua atenção entre três ou quatro tarefas simultâneas, sem perder o fio da meada, e que, por isso, carece de menos discurso e de processos mais funcionais de aprendizagem.

Persiste nesse modelo a crença de que o professor deve continuar a ser o centro do saber, como agente transmissor da cultura, através de processos didáticos obsoletos e disfuncionais. Mister seria formar docentes, ou no caso de serem já formados, reciclá-los em procedimentos pedagógicos que se enderecem ao futuro autodidatismo dos alunos, o qual, ao que tudo indica, deverá prevalecer nos procedimentos da educação permanente, indispensável aos concluintes dos cursos formais de todas as modalidades e graus. Afinal, o famoso relatório da Unesco sobre o "aprender a aprender", que na metade do século XX caiu como um bomba nos meios educacionais, já está ficando velho. No entanto, a escola brasileira ainda não o incorporou competentemente nos seus procedimentos didáticos mais comezinhos.

Tudo isso e muito mais tem feito do modelo pedagógico ora praticado na educação básica deste país (que é o grau de escolaridade que mais interessa) algo desastroso quanto aos resultados alcançados, e mal-amado pelos alunos a ele submetidos. É por aí que a crise se

DIAGNÓSTICOS

agrava, eis que ela sempre se caracteriza pela quebra de eficiência de determinado modelo de organização, que antes funcionava a contento e começa a mostrar-se superado.

No passado brasileiro, digamos que nos séculos XIX e XX, em especial na primeira metade do século XX, esse modelo escolar de extensão de um saber organizado da elite para as massas, que começavam a adentrar o ensino formal, por efeito dos fenômenos da urbanização e da industrialização do País, até que funcionou aceitavelmente. Afinal, sua filosofia de fundo ainda era aquela do iluminismo, que acreditava certo estender a ilustração das minorias para as massas populares, que começavam a descobrir a necessidade de escolarizar os filhos para vencer o desafio das novas profissões.

Até aí foi aceitável o papel do professor como transmissor preferencial do saber em sala de aula. Porém, à medida que o aluno popular superou numericamente a minoria elitizada nas matrículas escolares, e a era do conhecimento, com seus avanços tecnológicos no campo das comunicações, tomou conta da sociedade como um todo, com o rádio, a TV e a TI, o modelo da erudição professoral em sala de aula faliu, *e a educação passou a dividir a função ensino com outros players que não a escola* – e quiçá mais eficientes, do que ela –, para a formação das novas gerações. No entanto, a estrutura e o funcionamento dos antigos modelos formais de ensino não se atualizaram na mesma velocidade daqueles avanços, tendo, pelo contrário, entrado nessa crise gravíssima em que se encontram até hoje.

Assim é que o ensino fundamental perdeu a capacidade de alfabetizar crianças em seis meses, como ocorria antigamente na escola das elites sociais, e de levar os alunos atuais a deter uma formação intelectual mínima que os instrumentalize para enfrentar essa cruel competição por um lugar ao sol.

CAMINHOS E DESCAMINHOS DA EDUCAÇÃO BRASILEIRA

Os alunos têm entrado analfabetos absolutos no ensino fundamental para dele sair quase sempre na condição de analfabetos funcionais (têm escolaridade, mas não aproveitamento na aprendizagem). E o ensino médio, que se tornou o maior problema da educação básica brasileira, não apenas não atende a todos os egressos do ensino fundamental, por falta de vagas, como ainda registra nos que nele conseguem matricular-se uma altíssima taxa de evasão. Em recente estudo do Ipea, divulgado em janeiro de 2010 pela mídia, verifica-se que, entre as principais causas do abandono do curso médio pelos estudantes, figura o desinteresse pelo curso, conforme depoimentos de jovens ouvidos, à época, pelo jornal *O Estado de S.Paulo*: "O que mais repele os alunos é o conteúdo oferecido, que não tem relação com as necessidades e interesses da faixa etária, que vai dos 15 aos 17 anos".

•.

À vista de tantos insucessos, um grupo de educadores idealistas buscou encontrar uma solução, na implantação do construtivismo piagetiano como caminho pedagógico alternativo para as práticas escolares tradicionais, que não vinham dando certo. Não se trata evidentemente da adoção de uma nova filosofia de ensino, pois o construtivismo, na verdade, é um processo pedagógico, fruto das experiências de psicologia genética desenvolvidas, com sucesso, pelo pesquisador suíço Jean Piaget sobre a aquisição do saber pelos seres humanos. Trata-se de algo mais ligado à didática do ensino do que à epistemologia da educação.

A experiência virou uma espécie de coqueluche, mas foi profundamente desfigurada na vivência do dia a dia escolar, porque acabou *desaguando*, ainda que suas premissas teóricas fossem defensáveis, *nas práticas condenáveis das promoções automáticas*.

DIAGNÓSTICOS

Na verdade, os professores não foram devidamente preparados para assumir essas inovações. Deu-se crédito demasiado à crença de que o processo de aprendizagem do aluno dependeria de uma espécie de evolução automática e produtiva da sua capacidade de autodesenvolvimento cultural.

A consequência aí está: onde o sistema foi implantado, as avaliações demonstram que o professor já não sabe o quê, nem como ensinar, e os alunos pouco aprendem, quando da promoção de um ciclo para outro de escolaridade.

Mais uma vez viveu-se o velho drama em que se insere, de há muito, a educação brasileira: inventam-se inovações tidas como revolucionárias, mas que não se adaptam à organização escolar, nem são preparados os professores e dirigentes para uma implantação, que, por natureza, terá que ser de longo prazo. Improvisa-se a implantação e frustram-se as expectativas.

•.

A propósito, seria importante e oportuno repetir-se o que se escreveu no documento do MEC intitulado *Parâmetros Curriculares Nacionais*, a fls. 28:

> Com esses equívocos (redução do construtivismo a uma teoria psicogenética e transformação de uma investigação acadêmica em método de ensino) difundiram-se, sob o rótulo de pedagogia construtivista, as ideias de que não se devem corrigir os erros (dos alunos) e de que as crianças aprendem fazendo do seu jeito. Esta pedagogia, dita construtivista, trouxe sérios problemas ao processo de ensino e aprendizagem, pois desconsidera a função primordial da escola, que é ensinar, intervindo para que alunos aprendam o que, sozinhos, não têm condições de aprender.

Há que observar, *en passant*, que o aprender sozinho (autodidaxia), aprender a aprender, não tem nada a ver com o equivocado construtivismo que ora se pratica nas escolas.

A grande verdade é que os alunos atuais da educação básica no Brasil são duplamente malservidos nas escolas que frequentam, pois se dividem elas em ronceiras e desatualizadas na prática dos antigos modelos pedagógicos que ainda sobrevivem por aí, ou nos pretensos e falsos progressismos desses modelos de um insuficiente construtivismo – que se pratica sem nenhum sucesso.

Com isso tudo, o Brasil tem sido classificado, no plano mundial, pelas avaliações da Unesco e da OCDE, nas piores posições possíveis, o que nos deveria encher de vergonha. Basta atentar para este quadro, que a imprensa brasileira divulgou em julho de 2010, e que traduz, em poucas palavras, o desastre em que se converteu o ensino básico brasileiro:

Com a média obtida nos anos iniciais, alunos não conseguem:

a   reconhecer diferenças no tratamento dado ao mesmo tema em textos distintos;

b   ler gráficos de setores;

c   resolver problemas envolvendo mais de uma operação.

Com a média obtida nos anos finais, alunos não conseguem:

a   somar e subtrair usando parênteses e colchetes;

b   identificar a intenção do autor numa história em quadrinhos;

c   identificar as relações de causa e consequência implícitas no texto.

DIAGNÓSTICOS

Com a média obtida no ensino médio, alunos não conseguem:

a   reconhecer o efeito de sentido do uso de recursos ortográficos, como sufixo diminutivo;

b   resolver problemas de multiplicação e divisão, em situação combinatória, e de soma e subtração de números racionais.

Em suma, observa-se a existência de uma profunda incompatibilidade entre os modelos operados atualmente na educação brasileira (com ênfase no ensino fundamental, que ainda é o único ao alcance de mais de 90% da população) e as exigências reconhecidamente indispensáveis para a modernização do País bem como o atendimento de suas aspirações de protagonismo no convívio internacional. A solução para tudo isso que aí está a caracterizar uma ampla e profunda crise educacional, com a clara inadequação dos modelos pedagógicos em uso, não será fácil de encontrar, e vai depender de muito estudo e pesquisa por parte de organismos que para isso se venham a constituir. O certo é que a polimorfia brasileira, tanto cultural como socioeconômica, não poderá, para a superação da crise, depender de uma só linha teórica como esse construtivismo, que nem filosofia é, e hoje domina o setor (os aportes teóricos terão sempre que vir de variadas fontes de pensamento).

4 PROFESSORES: O SEGREDO

A escola sempre será o que forem os seus professores. Daí que na formação dos mestres está o segredo do sucesso ou do insucesso dos alunos na aprendizagem. Se isso foi um axioma no passado, quando o professor corporificava os próprios fins da educação, com suas lições ministradas no dia a dia e com consciência de sua missão educativa, que beirava o

CAMINHOS E DESCAMINHOS DA EDUCAÇÃO BRASILEIRA

sacerdócio, hoje continua a sê-lo, embora em dimensões e processos diferenciados, tendo em vista as mudanças havidas nos sistemas de ensino, especialmente nos graus fundamental e médio, fulcro da crise que se abateu sobre o setor.

Nesta nossa era, chamada de era do conhecimento, já não se pode admitir que prevaleça em sala de aula a figura do *magister dixit*, até porque a velocidade das mudanças e o acúmulo de novos saberes inviabilizaram o domínio do conhecimento global pelos professores. Mais do que agentes de difusão de um conteudismo, que hoje alcança dimensões oceânicas, converteram-se os professores em grandes orientadores de seus alunos na busca dos saberes necessários a sua formação e a seu convívio social. Como indica um excelente estudo, intitulado *Proposta de Diretrizes para a Formação Inicial de Professores da Educação Básica em Cursos de Nível Superior*[8], a ação do professor hodierno centra-se, de preferência, nas seguintes tarefas:

a   orientar e mediar o ensino para a aprendizagem dos alunos;

b   responsabilizar-se pelo sucesso da aprendizagem dos alunos;

c   assumir e saber lidar com a diversidade existente entre os alunos;

d   incentivar atividades de enriquecimento cultural;

e   desenvolver práticas investigativas;

---

8   MEC. *Proposta de Diretrizes para a Formação Inicial de Professores da Educação Básica em Cursos de Nível Superior*. Brasília: MEC, 2001.

DIAGNÓSTICOS

f   elaborar e executar projetos para desenvolver conteúdos curriculares;

g   utilizar novos métodos, estratégias e materiais de apoio;

h   desenvolver hábitos de colaboração e trabalho de equipe.

●.

Isso tudo expressa a diferenciação ultimamente estabelecida entre ensino e aprendizagem, cara e coroa da mesma moeda, que é o aproveitamento escolar, devendo ambas as tarefas integradamente caracterizar o trabalho docente, sem que uma venha a sobrepor-se à outra no processo didático. Apenas convém deixar claro que o foco do ensino deslocou-se do antigo eixo conteudista do currículo para a variedade de ações acima arroladas, conforme a opinião dos autores da proposta discutida no Conselho Nacional de Educação.

●.

Tendo em vista essas mudanças, há que urgentemente rever a organização dos cursos de licenciatura no ensino superior brasileiro. Antes de entrar na conveniência e na premência de reformar as licenciaturas, deve-se deixar muito claro, de uma vez por todas, que dois mecanismos antigos da formação docente devem ser irremediavelmente sepultados, a saber:

a   A Escola Normal, que um dia formou excelentes professores primários, tendo alcançado em São Paulo padrões inigualáveis de qualidade pedagógica, parece ter morrido definitivamente. Por isso, há entre os educadores um certo saudosismo em relação

CAMINHOS E DESCAMINHOS DA EDUCAÇÃO BRASILEIRA

a seu funcionamento. Tal sebastianismo, no entanto, jamais conseguirá repor o papel dos cursos normais no cenário dos atuais e futuros sistemas de ensino. Primeiro, porque as exigências culturais desta era do saber não caberiam nas limitações da antiga estrutura pedagógica e, depois, porque os grandes professores, que fizeram o seu inegável sucesso até os anos 1960-1970 do século XX, já morreram, sem deixar sucessores à altura de sua competência.

b   Os cursos de licenciatura de curta duração, um artifício criado pelo Conselho Federal de Educação, para suprir, em um ou dois anos de duração de curso, a falta de docentes nos grotões deste país, e que, contrariando as razões de sua criação, espalharam-se como metástases de um câncer: ausência de professores titulados em número suficiente, até mesmo nas metrópoles; irrefreável cobiça dos mantenedores das faculdades privadas, que visavam mais ao lucro do que à oferta de bons serviços, ao multiplicá-los em suas instituições. De tais cursos não se auferiu vantagem nenhuma para os sistemas de ensino; pelo contrário, obteve-se o agravamento da crise de ignorância pedagógica, que ajudou a solapar a qualidade do ensino brasileiro nestes últimos cinquenta anos.

As muitas críticas que se fazem às licenciaturas que aí estão podem ser assim resumidas:

a   *Currículos sobrecarregados de conteúdos teóricos* quer nas matérias específicas do curso, quer nas pedagógicas, a ponto de não sobrar tempo para duas questões essenciais:

DIAGNÓSTICOS

a1   ensinar a ensinar (falta de *expertise* dos docentes em práticas didáticas em sala de aula);

a2   levar o professorando a participar de estágios mais longos e integrados em todas as práticas da escola onde venha a estagiar.

Esses são defeitos que levam o curso de formação a valorizar o teorismo excessivo e a não conseguir demonstrar a aplicabilidade do saber no exercício profissional do magistério. Os atuais cursos de licenciatura têm mais de erudição (acumulação do saber pelo saber) do que de cultura (funcionalidade do saber em benefício de quem o detém).

b   *Didáticas que valorizam o discurso e ignoram os avanços da tecnologia da informação.* Este é um dos mais graves problemas que obstruem o êxito da aprendizagem na atualidade. Se, de um lado, se fala muito nas exigências da era do conhecimento, de outro, não foi possível, ainda hoje, incorporar aos processos de ensino e aprendizagem, os aportes dos meios de comunicação (rádio, TV, cinema, e coisas tais) e os da informática (computadores, internet e suas variadas linguagens e programações) – haja vista o fracasso das TVs Educativas, que foram a coqueluche dos anos 1970 no Brasil.

Estas, criadas para se integrarem com seus programas à ação dos professores em sala de aula, acabaram numa imensa frustração, pois a pedagogia não conseguiu encontrar solução para o enigma da transformação da informação em mensagem capaz de educar. Qual a consequência? As TVs Educativas metamorfosearam-se em emissoras de "Cultura" e passaram a estar mais próximas de uma TV comercial do que das escolas.

CAMINHOS E DESCAMINHOS DA EDUCAÇÃO BRASILEIRA

c   *Dificuldades em relação à informática.* Adquirem-se lotes imensos de aparelhos, que são endereçados às escolas, onde passam a mofar em salas trancadas a cadeado, ditas laboratórios, que só abrem quando chegam algumas visitas. Professores, via de regra, não sabem lidar com essas máquinas, e os alunos, que já as conhecem, por tê-las em casa ou com elas conviver nas *lan houses*, ficam infelizes por não terem contato escolar com elas: principalmente os alunos do ensino médio que se evadem em grande número, por se sentirem entediados com os cursos jurássicos que lhes são oferecidos.

Ora, se a maioria dos alunos que se matricula no ensino básico, preferentemente os do ensino médio, pertence à geração cognominada "y", isto é, são os nascidos do fim do século XX para cá, e se essa geração incorporou a linguagem digital ao seu dia a dia, como atraí-los para a escola que afasta esse recurso de seus processos didáticos?

São jovens, ademais, com perfis psicológicos inteiramente diversos de seus predecessores: primeiro, porque têm preferência por imagens no lugar de textos, depois, porque exercitam a multilateralidade de sua atenção, sendo capazes de ler um texto, ouvir música no iPod, alternar a visão com imagens de TV, participar do papo circunstante, tudo isso ao mesmo tempo. Se um professor não conseguir ter à sua disposição didáticas que levem tudo isso em conta, não poderá se queixar de seu fracasso em relação aos alunos sob sua responsabilidade.

•.

Outrossim, há também que atentar para o fato de que os cursos de licenciatura nunca tiveram muito prestígio no meio universitário,

DIAGNÓSTICOS

onde o bacharelado sempre adquiriu precedência. Aliás, ele próprio, o curso de formação de professores, começou como bacharelado, ao qual se adicionou um apêndice de disciplinas pedagógicas que lhe deu o caráter de licenciatura. Daí que, em certas universidades, a pesquisa leva as glórias em detrimento do ensino, o que resulta na formação não de ensinadores, mas de docentes pesquisadores, os quais se aprofundam na verticalidade dos conteúdos, em prejuízo do pragmatismo dos processos didáticos.

•.

Muito mais haveria para discutir nesse campo da inadequação da formação superior dos docentes de ensino básico (da educação infantil, e até do ensino médio). Quem tiver interesse maior pelo tema deve reportar-se ao documento atrás referido, da lavra de educadores com assento, em 2001, no Conselho Nacional de Educação.

Para os propósitos desta obra, basta o que aqui ficou dito, sendo certo que os *policymakers* do Ministério da Educação, bem como os conselheiros de educação e os membros dos conselhos universitários deveriam voltar seu interesse para o urgente problema da formação docente e corrigir as distorções que atualmente relativizam a importância dos diplomas de que novos mestres são portadores.

Quanto mais se estuda o problema da importância dos docentes na crise de qualidade que se abateu sobre as escolas brasileiras, mais fica claro que eles, tanto quanto os alunos, são igualmente vítimas dessa conjuntura. Já se teceram, neste capítulo, comentários sobre a formação universitária dos docentes. Há que falar algo sobre esse outro fator que exerce profunda influência sobre os resultados negativos da educação nacional: *a falta de uma carreira condigna para o magistério e o abandono a que foram relegados os professores, pelos*

CAMINHOS E DESCAMINHOS DA EDUCAÇÃO BRASILEIRA

governos deste país. São eles atualmente os mais mal pagos dentre todos os profissionais de formação universitária. No entanto, não há nenhuma profissão mais estratégica do que esta, pois, ao lidar com as novas gerações, assegurará as condições básicas do desenvolvimento nacional.

O magistério já deveria, de há muito, integrar o rol das profissões de Estado[9] e receber, por isso, as contrapartidas de carreira que lhe são devidas. Lamentavelmente não é o que acontece e nem se notam sinais de que isso venha a acontecer.

No ensino básico (o problema pertence aos estados e prefeituras) –, não se pode desejar uma carreira-padrão a ser baixada por lei federal. À União, nesse assunto, estaria reservada a ação supletiva e complementar de que falam a Constituição de 1988 e a LDB de 1996. O que importa, no caso, é a decisão de cada estado e cada prefeitura de promover a implantação da carreira do magistério, e onde eventualmente já exista, de estimular a melhoria dos padrões de vencimentos e das promoções horizontais e verticais. O que não se pode aceitar é a continuação do que hoje acontece, com esses valores insignificantes e, até mesmo, humilhantes que constam dos holerites ao final de cada mês. Como esperar dos mestres maior dedicação, mais qualidade e aprimoramentos continuados, se não houver a contraparticipação nos seus ganhos?

Há queixas de que o magistério se tornou profissão de quem não consegue posições melhores no mercado de trabalho. E muitas dessas queixas são irrefutáveis. Ocorre que, no mercado, a preferência por profissões depende diretamente dos valores salariais a elas agregados. Maus salários, piores profissionais – e isso é mais verdadeiro e axiológico em relação ao magistério; não se trata de uma profissão

---

9 As profissões de Estado, como se sabe, são as ligadas ao projeto estratégico do País (militares, diplomatas, agentes fiscais etc.).

DIAGNÓSTICOS

qualquer, mas algo que se liga a razões estratégicas e que diz respeito ao pessoal de nível universitário. *A valorização dos professores começa pela melhora dos padrões salariais e se fortalece pela racionalidade dos planos de carreira. Fora disso não haverá salvação possível.*

5 PLANEJAMENTO EDUCACIONAL

O Brasil continua engatinhando no que diz respeito ao planejamento. Sobretudo no setor público, em que o interesse político costuma sobrepor-se à racionalidade administrativa. Em razão disso, as políticas sociais se executam sem os cuidados do escalonamento dos setores em prioridades, o que resulta em duas anomalias igualmente prejudiciais à saúde econômica da nação: de um lado, uma gastança desenfreada dos recursos financeiros; de outro, um sistema fiscal tipo exaustor: quanto mais se gasta, mais se quer arrecadar, para desespero dos contribuintes. No pós-guerra de 1939-1945, a tese do planejamento percorreu a academia, ocupou a imprensa e provocou discussões variadas em torno das ideias de Max Weber, Frederick Taylor e Henri Fayol. Diversos governos tentaram agir conforme esses preceitos e ensaiaram ações planejadas. Tudo em pura perda, eis que os planos eram defeituosos, superficiais e inoperáveis, nem dinheiro suficiente havia para implementá-los. Exemplo disso foi o famoso Plano Salte, do governo Dutra, que dispôs sobre Saúde, Alimentação, Transporte e Energia.

Muito ambicioso em seus propósitos para a época e pouco provido em seus recursos (inicialmente custaria 20 bilhões de cruzeiros; um ano depois, suas despesas seriam, por força da inflação, elevadas a cem vezes mais); acabou na gaveta e nunca mais se falou nele.

•.

CAMINHOS E DESCAMINHOS DA EDUCAÇÃO BRASILEIRA

Com a educação, não tem sido diferente: não houve um só plano, dos vários que se aprovaram nos últimos cinquenta anos, que conseguiu vingar. A administração dos sistemas de ensino continuou a fazer-se empiricamente e, nem mesmo quando as Leis de Diretrizes e Bases enfatizaram a necessidade dos planos, aconteceu algo de positivo nesse setor. Haja vista o que ocorreu com a Lei nº 10.172/2001, que baixou um ambicioso Plano Nacional de Educação, contendo onze eixos temáticos, a saber: Educação Infantil, Ensino Fundamental, Ensino Médio, Educação Superior, Educação de Jovens e Adultos, Educação a Distância e Tecnologias Educacionais, Educação Tecnológica e Formação Profissional, Educação Especial, Educação Indígena, Formação de Professores e Valorização de Magistério, Financiamento e Gestão. Cada eixo se desenvolve metodologicamente em três etapas: Diagnóstico, Diretrizes, Objetivos e Metas.

Tudo muito bem posto e organizado no papel, só que não funcionou: o Presidente Fernando Henrique Cardoso vetou alguns itens, jamais rediscutidos pelo Congresso Nacional, e, passados dez anos, a matéria foi para o fosso do esquecimento, onde ainda se encontra. Apesar da obrigatoriedade de um Plano dessa magnitude, prevista no Art. 214 da Constituição de 1988, o assunto continua em aberto. Nele havia a clara intenção dos legisladores de alcançar solução para quatro grandes aspirações, cuja demora em sua concretização torna a educação brasileira algo vergonhoso e doentio:

a   elevação do nível de escolaridade obrigatória da população;

b   melhoria da qualidade do ensino em todos os níveis;

DIAGNÓSTICOS

c   redução das desigualdades sociais e regionais no tocante ao acesso e à permanência, com sucesso, na educação pública;

d   democratização da gestão do ensino público.

Destacaram-se, nesse quadro de providências, quatro prioridades, sendo duas relativas ao ensino fundamental, as quais dizem respeito à erradicação do analfabetismo: garantia de ensino fundamental obrigatório a todas as crianças de 6 a 14 anos. Assegura-se seu ingresso e permanência na escola bem como a conclusão desse ensino, e a garantia de ensino fundamental a todos os que a ele não tiveram acesso na idade própria, ou que não o concluíram. As duas outras são referentes à ampliação de atendimento nos demais níveis de ensino e à valorização dos profissionais da educação. As duas primeiras prioridades seriam pétreas e indiscutíveis, portanto inflexíveis, e as duas últimas, mais flexíveis e dosadas segundo a disponibilidade de recursos. A não ser uma inegável extensão da oferta de vagas no grau fundamental, tudo o mais ficou no limbo.

Passada toda uma década sobre o primeiro PNE, que não produziu os efeitos desejados no prazo de sua validade, de 2001 a 2010, surgem novas providências no âmbito do governo federal, destinadas a elaborar um segundo Plano Nacional, desta vez, destinado a referenciar ações no âmbito dos sistemas de ensino entre 2011 e 2020. Bem dentro do estilo *assembleísta*, constitui-se a Conae (Conferência Nacional de Educação), à qual cabe, reunindo as conclusões de conferências locais e regionais previamente realizadas, "discutir e indicar diretrizes e estratégias de ação para a configuração de um novo PNE".

CAMINHOS E DESCAMINHOS DA EDUCAÇÃO BRASILEIRA

Em documento assinado por representantes de 37 entidades componentes da chamada Comissão Nacional Organizadora da Conae, e que conteria uma espécie de manifesto com a opinião desse coletivo sobre o tema, pode-se ler que: "Este texto visa a consolidar a concepção nacional de qualidade de educação, democratização e diversidade, bem como sinalizar concepções e considerações". Trata-se, pois, de um documento de referência – cuja função será a de inspirar senadores e deputados na discussão e aprovação do futuro PNE.

Como se pode observar neste trecho do documento: "Compete à Conae, bem como às conferências que a precedem, discutir e indicar diretrizes e estratégias de ação para a configuração de um novo PNE". A Conae constitui um espaço privilegiado de decisões coletivas e, como tal, pretende protagonizar a estratégia de participação da sociedade brasileira no movimento de construção do novo Plano. A efetiva participação dos movimentos sociais e da sociedade civil, bem como da sociedade política, deverá propiciar as condições necessárias para que o novo PNE se consolide como política de Estado. É a definitiva politização dos critérios numa área que, por sua natureza, estaria a exigir total isenção ideológica, visto que o assunto deveria estar mais para especialistas e menos para militantes. Metodologicamente falando, há nesse documento seis eixos temáticos, a saber:

1   Papel do Estado na Garantia do Direito à Educação de Qualidade, Organização e Regulação da Educação Nacional.

2   Qualidade da Educação, Gestão Democrática e Avaliação.

3   Democratização do Acesso, Permanência e Sucesso Escolar.

DIAGNÓSTICOS

4   Formação e Valorização dos Trabalhadores em Educação.

5   Financiamento da Educação e Controle Social.

6   Justiça Social, Educação e Trabalho, Inclusão, Diversidade e Igualdade.

Aparentemente, tudo muito pertinente e democrático. Porém, será que temas dessa complexidade poderão, legitimamente, ser tratados e votados em assembleias, onde leigos não versados no assunto têm assentos, como representações sociais do campo, ou movimentos de afirmação da diversidade, centrais sindicais e coisas do ramo?

Por experiências já vividas no passado, em que se sonhou reunir o consenso de opiniões em assuntos controversos, submetidos ao participacionismo popular (a utopia de democracia direta, que, quando praticada, vale mais como simbolismo do que como eficaz instrumento de decisão), sabe-se que um Plano, que é matéria técnica com regras próprias e insubstituíveis (tipo pesquisa, previsão, organização, comando, coordenação e controle, além da harmonização entre o que se aspira a fazer e a existência de recursos humanos, técnicos e financeiros à disposição dos planejadores), não pode ficar ao deus-dará de palpites e de boas intenções, que são geralmente os insumos do coletivismo. Daí o temor, no caso do novo PNE, de que o tempo se arraste, os temas conflitem, os meios disponíveis para a realização das ações se dissipem e o Plano fique para as calendas. Ou venha a ter o melancólico destino daquele que se aprovou em 2001 mediante a Lei nº 10.172: o limbo do esquecimento.

6 O PLANO DE DESENVOLVIMENTO DA EDUCAÇÃO (PDEA)

No primeiro semestre de 2010, a mídia foi inundada pelos anúncios das páginas inteiras e por horas de transmissão televisiva contendo o chamado PDE (Plano de Desenvolvimento da Educação), uma espécie de PAC da Educação. Comemorou-se o terceiro ano de execução desse PDE e do crescimento dos recursos para a sua implantação, que teriam aumentado de 19 bilhões de reais, em 2003, para 59 bilhões, em 2010. Mais uma vez o que foi batizado como Plano, na verdade não passa de um rol de 27 ações a serem desenvolvidas nos dois graus de escolaridade (básica e superior) pelo governo federal. Em cada uma delas, procura-se dar conta do que já teria sido feito e do que se pensa fazer. Na verdade, não se trata de um Plano e, sim, de uma descrição de providências tomadas e a tomar, que, pela explicação contida na publicação, buscam "assegurar a educação de qualidade para 60 milhões de crianças e jovens, que frequentam nossas escolas e universidades".

Tomem-se aleatoriamente alguns casos:

a   **Brasil Alfabetizado.** "O Brasil busca cumprir uma das metas de Dacar: reduzir em 50%, isto é, para 6,7%, a taxa de analfabetismo de jovens e adultos, até 2015". E o resto, como fica? Os outros 50%?

b   **Organizar o currículo do ensino médio – novo Enem e Sisu.** "Desde 2009, o MEC oferece aos estudantes de ensino médio uma prova mais abrangente, com quatro áreas de conhecimento (linguagem, aritmética, ciências da natureza e ciências humanas). O novo Enem contribui para a reorientação do ensino médio, que pode ser utilizado para certificar os alunos de educação

DIAGNÓSTICOS

de jovens e adultos e é a porta de entrada para o Prouni e para institutos e universidades federais por meio do Sisu."

O que se vê, no entanto, é um retrocesso contínuo nas taxas de aprendizagem no alunado do ensino básico brasileiro nas áreas didáticas citadas, como comprova a última avaliação do Pisa[10], versão 2010: numa medição de zero a seis, os alunos brasileiros, em grande número, não conseguem alcançar um ponto sequer. Se os 65 países (34 da OCDE e 31 convidados) concorressem num campeonato de futebol, como o nosso campeonato brasileiro, e os times fossem agrupados em três conjuntos, os da cimeira, os do meio e os da lanterna, o Brasil, no Pisa, estaria sempre próximo aos últimos, com os péssimos resultados que vem exibindo a cada três anos da aplicação dessas provas. Quanto ao Enem, nem é preciso tecer comentários: o fracasso das duas recentes provas (2009/2010), com o vazamento de questões e a confusão na organização dos formulários, basta para demonstrar sua improvisação.

Não é por acaso que no Pisa de 2010 o desempenho brasileiro foi dos mais desastrados exatamente nas duas disciplinas fundamentais: Linguagem e Matemática.

Aí estão, em amostra, referências desse denominado PDE, que, ao que tudo indica, em nada veio beneficiar a qualidade do ensino brasileiro nem sequer significou uma opção de ação planejada na área da educação.

Mas a culpa não pode recair só sobre os *policymakers* da esfera federal. Também estados e municípios pecam pela ausência

---

10 Pisa: Programa Internacional de Avaliação de Alunos.

CAMINHOS E DESCAMINHOS DA EDUCAÇÃO BRASILEIRA

de planejamento na educação de suas redes escolares. Segundo pesquisas feitas pelo Observatório da Educação, a maioria dos estados brasileiros ignora as exigências da Lei nº 10.172/01, que obriga todos a adotarem os Planos Estaduais de Educação (PEE). E o curioso é que essa ausência se verifica exatamente entre os estados mais desenvolvidos, como São Paulo, Paraná, Santa Catarina, Rio Grande do Sul, Minas Gerais, Bahia, entre outros. Os dez que adotam planos são: Amazonas, Mato Grosso, Mato Grosso do Sul, Tocantins, Goiás, Pará, Paraíba, Pernambuco, Alagoas e Rio de Janeiro.

No entanto, seria do mais alto interesse que todos se debruçassem sobre o assunto, especialmente no que diz respeito à gestão financeira, a qual, com a superveniência do Fundeb, sofreu profundas e significativas alterações. O argumento serve principalmente para os municípios, pois, quando se toma conhecimento frequente do desvio no uso do dinheiro público nessa esfera do poder, é o recurso da educação que quase sempre entra na dança. Basta ver as análises dos tribunais de Conta e as preocupações maiores, constantes do texto da Lei da Responsabilidade Fiscal.

•.

Em 1959, reuniu-se em Bogotá (Colômbia), sob o patrocínio da Organização dos Estados Americanos (OEA) e da Unesco, a primeira Conferência Internacional sobre Planejamento Educacional. Seguem algumas das proposições dessa conferência, em espanhol, válidas ainda hoje:

> *Frente a la administración rutinaria tradicional, surge em nuestro tiempo la administración dinámica que se reorganiza y adapta a las necessidades que van surgiendo: Planear, organizar, coordinar, dirigir, controlar,*

DIAGNÓSTICOS

*evaluar para volver a planear e replanear. Este es el esquema ideal. **Planear quiere decir determinar lo que deberá hacerse y expresarlo em forma de proyeto.** Organizar es distribuir entre las distintas unidades administrativas la responsabilidad de las actividades previstas y determinar las relaciones entre dirigentes y subordinados. También ello tiene que hacerse en función del plan. Igual ocurre com los restantes aspectos: se coordinan los recursos económicos y los recursos humanos disponibles para llevar a cabo el plan. Y elaborar e impartir instrucciones, que es lo que significa dirigir, son aspectos esenciales en el desarrollo de um plan. Igualmente controlar equivale a asegurar que las realizaciones se conformen tanto como sea posible a lo preestablecido en el plan. Por último, evaluar es medir los resultados globales y confrontarlos com los objetivos que el plan se había propuesto.*

*El planeamiento de la educación es necesario a fin de que se apliquen y coordinen en forma contínua y sistemática los princípios y las técnicas de la administración, de la economia y de las finanzas al campo de las actividades estatales y privadas, **para garantizar educación adecuada a los indivíduos y a la sociedad y contribuir, mas eficazmente al desarrollo social, cultural y económico de los países.***

*El planeamiento forma parte de todo proceso administrativo moderno y se caracteriza por su continuidad: **la garantia de su eficácia reside en su acción ininterrumpida.** Frente a esta concepción, el planeamiento ha sido frecuentemente uma acción circunscrita a determinado momento de uma administración o aplicado solamente a una parte de las actividades.*

*Dentro de los critérios aquí esbozados, **analizamos las característi-cas de un buen planeamiento** y su aplicación a situaciones concretas. La autenticidad, el trabajo en equipo, las prioridades, la despersonalización y objetividad del trabajo fueron, entre otros, temas de la asignatura.*

7 COREIA, UMA LIÇÃO PROVEITOSA

Há dois exemplos internacionais repetidamente citados a propósito da importância da educação de qualidade num projeto de desenvolvimento socioeconômico: um, o Japão no século XIX; outro, a Coreia do Sul, no século XX. Ambos vieram de um tradicionalismo retrógrado, que não harmonizava seus procedimentos com o crescimento urbano e industrial de modernidade e, em curto espaço de tempo, com mudanças feitas, conseguiram ambos ombrear com os padrões de progresso dos países ocidentais do primeiro mundo.

Estão, hoje, perfeitamente à vontade na onda de mundialização da economia, que marca a passagem do século XX para o XXI. Sobre o Japão já se falou demais, tanto na literatura econômica como na educacional, nestes últimos cem anos.

Quanto à Coreia do Sul, nem tanto; razão pela qual, vamos dedicar este capítulo à sucinta análise dos fatores que levaram à conquista de alguns de seus índices atuais de crescimento. Para tanto nos espelharemos em duas obras recentes: *Preparando para o Século XXI*, do historiador Paul Kennedy[11] e *A Educação na Coreia 2003-2004* [12], editada pelo Ministério da Educação e dos Recursos Humanos daquela República e divulgada no Brasil pela Universidade Federal do Rio de Janeiro.

É claro que, com estes comentários não estamos propondo a adoção das mesmas soluções pelo Brasil, com o intuito de obviar os seus esforços desenvolvimentistas, até porque sempre fomos céticos quanto à importação de experiências estrangeiras com vistas à implantação de reformas educacionais. Cada povo com seu estilo, seus problemas e soluções, sobretudo no que diz respeito às políticas sociais elaboradas por

---

11 Paul Kennedy. *Preparando para o Século XXI*. Rio de Janeiro: Campus, 1993.

12 MEC. *A Educação na Coreia 2003-2004*. Brasília: UniverCidade, 2004.

DIAGNÓSTICOS

seus governos. O que se pretende é fixar alguns parâmetros que possam vir a ser úteis aos *policymakers* e educadores brasileiros, nos seus esforços para tirar o nosso sistema de ensino do pantanal em que se meteu.

•.

Na década de 1960, todos os índices econômicos e sociais da Coreia do Sul estavam abaixo dos do Brasil e se igualavam aos de Gana, na África. O país, ocupado por décadas pelo expansionismo japonês no Extremo Oriente e castigado pela devastadora guerra contra a vizinha Coreia do Norte nos anos 1950, encontrou meios para, a partir do armistício de 1953, reunir as forças vivas da nação e iniciar a implantação do projeto destinado a torná-la, meio século mais tarde, uma das mais prósperas repúblicas deste planeta.

A respeito disso, Paul Kennedy[13] escreveu na citada obra, todo um capítulo, onde analisa os mais importantes vetores que asseguraram o sucesso dessa política. Destaca ele questões relativas ao planejamento socioeconômico: a opção pela indústria pesada e a tecnologia de ponta, com vistas à economia de exportação; a poupança nacional, com suas regras rigorosíssimas, e os investimentos governamentais em setores estratégicos, infraestruturais e outros, havidos como prioritários; a ênfase na educação, nas suas duas políticas fundamentais e pétreas: uma, a preferência pela universalização da educação básica de qualidade, estendida a 100% da população, e outra, a formação universitária voltada, de preferência, para as engenharias, com milhares de estudantes bolsistas enviados aos países do primeiro mundo. Em 1988, o número de alunos de engenharia que se formaram nas instituições coreanas de ensino superior era

---

13 Paul Kennedy. op. cit. (ver nota 11).

igual ao número de graduandos do Reino Unido, da Alemanha Ocidental e da Suécia juntos).

Para se ter uma ideia dessa quantificação, enquanto o Brasil formou no ano de 2010 apenas 20.000 engenheiros, por lá se formam, anualmente, dez vezes mais, ou seja, 200.000.

•.

As conquistas educacionais na Coreia do Sul começam pela educação básica (infantil, fundamental e média) para todos os indivíduos entre 0 e 18 anos de idade, com qualidade e em tempo integral. Conforme relatórios do Ministério[14], há um Plano Geral de Educação para a Era da Informação, o qual desde o ano 2000 vem sendo rigorosamente executado. É ele destinado a construir a infraestrutura para a educação no século XXI.

O planejamento está dividido em distribuição de equipamentos para as escolas, por um lado, e formação da rede de computadores, seguida da utilização da internet, por outro. A atualização tecnológica deve-se à criação, em toda a rede escolar, do ambiente que conduza a *um ensino que utilize a tecnologia da informação e comunicação efetivamente, bem como o incremento da distribuição de computadores às escolas, uma velocidade de acesso à internet, adequada ao tamanho do estabelecimento e ao bom funcionamento dos equipamentos eletroeletrônicos.*

Para acelerar o processo de modelar a sociedade aos conhecimentos do século XXI, concluiu-se o projeto de apoio ao desenvolvimento e à utilização de programas de computador para ensino e conteúdos educacionais de qualidade. O serviço coreano de informação sobre Educação

---

14 MEC. op. cit. (ver nota 12).

DIAGNÓSTICOS

e Pesquisa lidera os trabalhos de desenvolvimento desses materiais educativos em formato multimídia, bem como dá suporte para explicações sobre a tecnologia digital. Ao mesmo tempo, os professores são formados na pesquisa e utilização das novas tecnologias para assuntos curriculares. Os próprios professores são estimulados a desenvolver e produzir programas educativos de qualidade para computadores, como parte integrante do seu trabalho didático-pedagógico.

Outros programas de treinamento incluem o acréscimo de um especialista em informatização, por escola, para dar assistência permanente ao uso da rede digital em sala de aula. Quanto aos professores, está sendo reorganizado o sistema de capacitação do magistério e de melhoria do nível qualitativo das instituições de formação de *professores, os quais devem desempenhar o papel principal nessa reforma educacional.* Se a meta final da reforma educacional estiver na ajuda aos alunos para desenvolverem capacidade profissional e visão do mundo necessárias para conduzir suas próprias vidas, não será demais afirmar que a execução desses objetivos depende, em grande parte, da dedicada participação dos professores.

Tendo em vista a consciência dos gestores do sistema educacional no que diz respeito ao papel dos professores, quer na modernização didática, quer na atualização permanente de seus conhecimentos, um projeto prioritário vem sendo implementado, seja na sua formação universitária, seja na sua carreira profissional. Eis alguns pontos interessantes desse projeto:

> *O currículo para capacitação do magistério será reforçado com base nos planos de médios e longos prazos para contratação de professores, cujo treinamento prático será intensificado pelo enriquecimento dos exercícios nos cursos. Ao configurar um sistema de controle de qualidade para*

CAMINHOS E DESCAMINHOS DA EDUCAÇÃO BRASILEIRA

instituições de formação de professores, incluindo faculdades, universidades de educação e cursos de pós-graduação em educação, a flexibilidade do sistema de licenciatura de professores será maior para adaptar-se rapidamente às mudanças no currículo. Isto significa que um currículo de formação de professores para a sociedade do século XXI, baseada no conhecimento, deverá ser reformulado. Além disso, pessoas com experiência de ensino serão contratadas como professores, nas universidades e faculdades de educação, e ampliadas as oportunidades de participação de renomados mestres na capacitação de professores.

Para aumentar a capacidade dos professores na adoção com autonomia de uma autorreforma, será estabelecido um método de treinamento que promova o contínuo autoaperfeiçoamento dos professores, os quais serão motivados, com a elevação do moral, a atingir e manter um profissionalismo de alta qualidade.

O padrão de trabalho do professor será aperfeiçoado e elaborado um sistema autônomo de controle de qualidade para avaliação e aperfeiçoamento de desempenho. A organização administrativa educacional será refeita a fim de que a profissão de professor seja administrada como uma organização profissional centrada no currículo escolar; será implementado um sistema de verificação de responsabilidade que considere a administração autônoma da escola. Melhorando-se o sistema de treinamento de administradores escolares, diretores e vice-diretores serão recrutados entre os que completaram o curso de administração escolar. Com esse fim, cursos profissionalizantes de gestão educacional e de estabelecimentos de ensino serão organizados nas universidades de educação e nas escolas de pós-graduação em gerência educacional. A fim de se criar um sistema de carreira profissional que permita aos professores capacitados um acesso rápido, a promoção de professores baseada no mérito será institucionalizada, primeiramente ajustando-se o interstício,

DIAGNÓSTICOS

para avaliação na carreira. Um sistema de apoio será montado para ajudar os professores a utilizar material variado de ensino na sala de aula. Assim, a central de dados de educação da escola será organizada e suprida com os materiais necessários às aulas.

Visando aumentar a racionalidade no sistema de remuneração do professor, a prática corrente que dá prioridade à antiguidade será revista e a atual escala salarial reestruturada.

Como tudo isso custa muito dinheiro, será oportuno dizer algo sobre os recursos orçamentários destinados à educação pelo governo coreano. Os fundos para a educação da Coreia vêm do governo central, do governo local e das fontes independentes das escolas particulares. Os ensinos fundamental e médio são obrigatórios: o governo provê a maior parte dos salários dos professores e outras despesas. As verbas governamentais para a educação somam, anualmente, 19,5% do PIB. Talvez seja esse o mais volumoso recurso orçamentário, destinado à educação, em comparação com outros países. Mesmo no orçamento do governo central, a educação figura como o ministério mais aquinhoado de verbas, superando mesmo o da Defesa, sem embargo de tratar-se de um país sempre ameaçado de guerra por seus vizinhos.

Para se ter uma ideia da grandeza dessas verbas, basta atentar para o fato de que o Brasil gasta, por ano, apenas entre 4% e 5% do seu PIB com a educação. E o que é pior, gasta muitíssimo mal, pelo fato de não haver planos aceitáveis que estabeleçam prioridades para o setor. Isto sem levar em conta que o Produto Interno Bruto do Brasil acaba sendo menos expressivo do que o dos países do primeiro mundo, e que, por lá, (o que não acontece por aqui) os problemas infraestruturais da rede escolar e estatísticos das matrículas do alunado já se encontram, de há muito, resolvidos.

77

PARTE II

PONTUALIDADES

ADVERTÊNCIA

Estes textos aqui reunidos sob o título de *Pontualidades* já foram publicados anteriormente, sob a forma de artigos para jornais e revistas, de conferências, ou, ainda, de capítulos de livros diversos e de separatas.

Sua atualidade continua grande, pois os temas de que tratam não foram resolvidos satisfatoriamente nas diversas reformas educacionais ensaiadas pelos governos, continuando, pois, a agravar as crises sucessivas que martirizam a educação brasileira.

CAPÍTULO 1

ARTIGOS E EXCERTOS

1 CONCEITOS DE EDUCAÇÃO

EDUCAR CONTINUA SENDO HOJE, COMO FOI SEMPRE, um processo de humanização das pessoas. Isto é, fazê-las ascender da condição de completo desvalimento com que chegam ao mundo ao nascer até atingir o desenvolvimento máximo de suas potencialidades pessoais geneticamente transmitidas e culturalmente ativadas. Na raiz da educabilidade pulsam as ideias de crescimento, desenvolvimento, melhoria constante e progressividade qualificada. Tanto a família, que transmite (ou deveria transmitir) à criança as primeiras noções de vida e comportamento, como a escola, que familiariza metodicamente os jovens com o patrimônio cultural da humanidade coloca-os (ou deveria fazê-lo) em contento com os vetores do futuro e os prepara para o exercício consciente da liberdade, desenvolvem os papéis educativos, que lhes são próprios, nas sucessivas fases de aprendizagem do educando. Tudo na educação visa ao amadurecimento do ser humano, ao fortalecimento de sua capacidade de tomar decisões, à livre escolha, depois de formados de suas participações religiosas, políticas e filosóficas, bem como à sua instrumentação para ser útil a si e à sociedade.

Daí que não se pode aceitar essa onda de equívocos que se abateu sobre a educação após as guerras do século XX, quando as ideologias revolucionárias que desfraldam a bandeira da justiça social tentaram usar a educação para fazer a cabeça das novas gerações e transformar a escola em mais uma trincheira da luta de classes.

Para os que se prestaram à prática desse despropósito, a educação deve formar não o homem livre, que fará suas escolhas quando a maturidade chegar, e sim o combatente pelas causas que muitos educadores fizeram equivocadamente suas.

Usar a escola como centros de doutrinação dos jovens, ainda imaturos para a compreensão adequada do significado das militâncias baseadas, não na razão e na liberdade, mas na lavagem cerebral, é uma forma condenável, porque autoritária, de educar. Por isso é que Hannah Arendt alerta para o fato de que:

> *Devemos, com firmeza, separar o domínio da educação de outros domínios, sobretudo os da vida política. (...) O fato importante é que, por causa de determinadas teorias (as teorias educacionais originárias da Europa Central e que consistem de uma impressionante miscelânea de bom-senso e absurdo) sob a dívida da educação progressista, provocou uma radical revolução de natureza política em todo o sistema educacional. O fato importante é que, por causa de determinadas teorias, todas as regras do juízo humano normal foram postas de parte.*[15]

---

15 Hannah Arendt, *apud*: Patrice Canivez. *Educar o Cidadão*. Campinas: Papirus, 1991.

PONTUALIDADES

Educa-se para a liberdade, jamais para o fanatismo. E essa falta de clareza, que, de anos a esta parte, vem recobrindo o significado da educação com perigosas sombras conceituais, tem contribuído, em grande parte, para que os professores se confundam no seu trabalho e os sistemas de ensino vivam em crise, dada a dificuldade de entender para o que e como realmente se devem educar crianças e jovens, nestes albores do século XXI.

2 A PRÉ-ESCOLA E AS CARÊNCIAS INFANTIS

Fomos por catorze anos, entre as décadas de 1970 e 1980, membro do Conselho Federal de Educação. Naquele colegiado, três temas galvanizaram nossa atenção: a pré-escola, o ensino profissionalizante e a legislação educacional. No que diz respeito à pré-escola, cremos haver sido um pioneiro na luta pelo reconhecimento de sua importância pedagógica e da necessidade de sua universalização nos sistemas de ensino do Brasil. Iniciamos essa cruzada com o Parecer nº 2.018/74 e demos-lhe continuidade em vários livros, dentre os quais é de destacar-se o que se intitula: *Pré-escola: Uma Nova Fronteira Educacional*[16], que teve sete edições e muitos milhares de leitores e consulentes no Brasil e no exterior. Dele extraí o trecho que se segue:

> *As muitas pesquisas estrangeiras, e algumas nacionais, levadas a cabo com o fito de determinar novas causas ainda pouco estudadas do fracasso escolar de alunos do ensino elementar, levaram os educadores a tomar contato com essa patologia psicopedagógica, nascida de carências nutricionais, afetivas, culturais e outras, portadas por crianças em idade escolar. Vejamos em que consistem elas e como se poderá minimizar seus*

---

16 Paulo Nathanael Pereira de Souza. *Pré-Escola: Uma Nova Fronteira Educacional*. São Paulo: Pioneira, 1987.

83

CAMINHOS E DESCAMINHOS DA EDUCAÇÃO BRASILEIRA

efeitos sobre seu desaproveitamento na aprendizagem. Conforme o meio, o grupo social, o status econômico da família, o grau de escolaridade dos pais e fatores outros de menor expressão, verifica-se a predominância de uma ou de outra dessas carências sobre o educando de zero a seis anos, a ponto de impedirem o seu futuro ajustamento no meio escolar. A não ser a carência afetiva, que pode ocorrer com frequência em crianças de família de todas as classes sociais, conforme amplamente confirmam os arquivos psiquiátricos, as demais são privativas de menores oriundos de famílias de baixa renda.

Comecemos pelas carências nutritivas, eis que a fome atua, na razão direta de sua intensidade, sobre o mau desempenho intelectual dos alunos. Para demonstrar essa evidência, que é quase um axioma, o professor Nelson Chaves, da Universidade Federal de Pernambuco, desenvolveu estudos em profundidade com as populações suburbanas do Recife. Em seus relatórios científicos a que tivemos acesso, diz ele: "O desenvolvimento embriológico do cérebro é um dos mais rápidos e extensos processos que ocorrem durante a gestação. O rápido crescimento do cérebro persiste após o nascimento, seguindo o desenvolvimento do resto do corpo. Neste período, uma criança de quatro anos possui 90% da massa total de cérebro adulto. As carências proteica e calórico-proteica durante a gestação, nos primeiros seis meses de vida e até os quatro anos de idade, podem determinar retardamento do desenvolvimento do encéfalo, deficiência na formação de enzimas necessárias ao funcionamento normal das células nervosas, deficiências estas que podem ser reversíveis ou irreversíveis, dependendo da intensidade e da duração da desnutrição. Tem-se dado muita ênfase à nutrição na formação dos músculos, das vísceras, do esqueleto, no crescimento, na elaboração de hormônios necessários ao crescimento e na regulação do organismo, mas surge agora um grande interesse na formação do sistema nervoso central. Os desnutridos não são

PONTUALIDADES

apenas indivíduos de baixa estatura, anêmicos, precocemente envelheci-
dos, com imunidade reduzida e média de vida mais baixa, passam a ser
*também considerados como **mutilados cerebrais**, com reduzida capaci-*
dade de adquirir conhecimentos, assimilar instrução e educação e, por
conseguinte, situando-se em um patamar de inferioridade na vida atual
altamente competitiva.

Sabe-se que os dados obtidos por diversos pesquisadores em todo o
mundo são virtualmente os mesmos. Eles indicam uma íntima relação
estatística entre uma pobre performance *do sistema nervoso central e*
sintomas físicos de má nutrição, no que se refere à altura, ao peso e à
circunferência craniana. Observações sobre criança seriamente desnutri-
das revelam, por meio de testes psicométricos, que sua atividade intelec-
tual fica em torno de 75% do normal.

Outro grande especialista brasileiro, o médico Eduardo Mar-
condes, da USP, em cuja Faculdade de Medicina lecionou Pediatria,
afirma em uma de suas conferências que: "A mãe desnutrida pode
prejudicar o feto. O que mais compromete a criança, entretanto,
acarretando-lhe prejuízos físicos e mentais, é a má alimentação no
primeiro ano de vida. O prejuízo psíquico é gravíssimo: a criança
com desnutrição fica com o cérebro lesado de modo irreversível; se
isto ocorreu no primeiro ano de vida, tornou-se deficiente mental".

No campo internacional, conhecem-se os estudos de Clara
Riley e Frances Epps, nos EUA, nos quais se lê que: "As crianças
que não recebem os elementos nutritivos adequados têm o crescimento retardado".[17]

---

17 Clara M. D. Riley e Frances M. J. Epps. *Programa de Proteção ao Pré-Escolar*. Rio de Janeiro:
Agir, 1970.

CAMINHOS E DESCAMINHOS DA EDUCAÇÃO BRASILEIRA

São geralmente crianças provenientes de famílias de baixa renda. Os efeitos de uma dieta inadequada sobre o sistema nervoso desencadeiam falta de energia e de resistência, inquietação, comportamentos negativos e lentidão mental, incapacidade de concentração e pouca resistência. "Trazer uma criança mal nutrida a um estado de nutrição adequada é um passo primordial para levá-la a aproveitar a aprendizagem escolar".[18] Daí que será impossível, no Brasil, deixar de oferecer merenda escolar ao alunado dos cursos elementares (o ensino fundamental).

Melhor será se um dia se conseguir universalizar as matrículas das escolas maternais, das creches e dos jardins de infância, onde as crianças se alimentarão adequadamente, ainda na fase em que o sistema nervoso central se encontra em plena formação. O rendimento escolar será adequado, e as taxas de evasão e reprovação tenderão ao *minimum minimorum*.

•.

Escolas infantis e boa nutrição passam a ser um excelente remédio para os principais problemas que afetam, desde há muito, o rendimento escolar das crianças brasileiras. Como afirmamos certa vez no Conselho Federal de Educação: cada centavo que se gaste com a pré-escola vai representar muitos reais de economia para os graus de ensino que vierem depois.

As duas outras carências, igualmente graves, e que poderiam ser minimizadas se a pré-escolaridade se universalizasse no Brasil são: a *afetiva e a cultural*. Uma breve palavra sobre elas: primeiro, a carência cultural, que nasce de um meio pobre em estímulos intelectuais,

---

18 op. cit. (ver nota 17).

meio este que tanto pode coincidir com ambientes familiares de baixa renda como também (embora com menor frequência) com os de renda alta. São casos em que a capacidade mental da criança se desenvolve em câmera lenta, ficando o desempenho muito aquém do seu verdadeiro potencial. Quando os pais pouco conversam entre si ou com os filhos, e não há, no seu convívio, interesse pela boa leitura, pela arte ou pela discussão de assuntos variados, os estímulos intelectuais, que devem começar a influir na formação da criança desde o nascimento, praticamente inexistem. E esse retardo pode ser principalmente observado nas funções neuropsicológicas e nas operações cognitivas.

As funções neuropsicológicas servem de base para a leitura e a escrita, enquanto as operações cognitivas dão suporte ao raciocínio, como fundamento da aprendizagem. A capacidade verbal e a inteligência são categorias inseparáveis no processo educativo.

As crianças afetadas pela carência cultural apresentam, em regra, dois anos de defasagem entre a idade mental e a cronológica. Essa defasagem tende a crescer à medida que aumenta a idade cronológica.

O município de São Paulo administra uma imensa rede escolar de ensino elementar, além de outra de pré-escolas, e mantém, como serviço assessório, uma excelente divisão de psicologia clínica, que realiza pesquisas de relevância sobre os mecanismos da aprendizagem.

De lá recebemos, quando dirigimos a Secretaria da Educação, estudos preciosos sobre o desempenho das crianças matriculadas na primeira série, como, por exemplo, o tamanho do "gap" entre a idade cronológica e a maturidade intelectual "headness", que ia de 2 a 7 anos, ou o problema da reprovação em massa nessa série inicial, na qual ficavam retidos 50% dos alunos, aqueles que passam pela escola sem nada aprender (os analfabetos funcionais).

CAMINHOS E DESCAMINHOS DA EDUCAÇÃO BRASILEIRA

Maria Helena Patto afirma, com propriedade, em sua obra *Privação Cultural e Educação Pré-Primária*[19]: "O ser humano manifesta o grau de inteligência que atingiu, através do controle da linguagem em suas várias formas". Essa opinião coincide com a de Maya Pines, em seu livro *Revolution in Learning*[20], ao comentar que:

> *Tanto nos EUA, como na Europa, grande número de psicologistas mostraram que a criança aprende mais depressa quando sabe nomear as coisas ou falar de problemas à medida que aparecem. São inseparáveis a capacidade verbal e a inteligência.*

Por isso tudo, a pré-escola terá que priorizar, entre suas atividades, o aspecto linguístico, que vai sendo reconhecido como o principal instrumento da aprendizagem, não só nesse nível de escolaridade, mas também nos que o sucedem.

Uma das dificuldades enfrentadas pelos professores dos ensinos fundamental e médio reside na precariedade do código de linguagem oriundo do meio social de onde provêm os alunos. São outros os sons das palavras, outros os significados dos termos, outra a estrutura neuronial, que geram as frases truncadas com que os carentes culturais se expressam. E esse é mais um dos obstáculos quase intransponíveis com que se deparam os professores para transmitir suas mensagens às classes heterogêneas nas quais convivem alunos normais com outros havidos como *mutilados na formação e no cérebro*, segundo a trágica expressão do escritor escocês Ritchie Calder. Minimizar esse tipo de carência seria um dos papéis essenciais da pré-escola.

---

19 Maria Helena Patto. *Privação Cultural e Educação Pré-Primária*. Rio de Janeiro: José Olympio, 1973.

20 Maya Pines. *Revolution in Learning*. New York: Harper & Row, 1967.

PONTUALIDADES

Para encerrar estes comentários sobre a natureza e a gravidade da privação cultural de crianças em processo de alfabetização, é mister falar algo sobre o chamado "currículo oculto". Esse currículo se refere a todos os tipos de influências que a criança recebe do meio em que vive. Tratando-se de um enriquecimento informal da personalidade, não se pode medi-lo, mas no desempenho escolar será sempre possível distinguir quando o aluno provém de um meio social avantajado culturalmente ou de outro, inteiramente despojado de estímulos dessa natureza. O grande estudioso desse fenômeno, Benjamin S. Bloom[21], expendeu os seguintes comentários:

> *Desde muito cedo a criança vem a perceber muito dos aspectos do mundo que a cerca. Esse desenvolvimento perceptivo se dá através das modalidades sensoriais, tais como: visão, audição, tato, paladar e olfato. O desenvolvimento perceptivo é estimulado pelo meio ambiente, quando são ricos em variações de experiências disponíveis, como os que fazem uso de jogos, brinquedos e muitos objetos para manipulação; e em que há frequente interação entre a criança e os adultos nas refeições, nas horas de recreio e durante o dia inteiro. No início do curso elementar, há diferenças entre crianças culturalmente empobrecidas e crianças culturalmente enriquecidas, na quantidade e variedade de experiências que elas tiveram, assim como em seu desenvolvimento perceptivo. Crianças de classe média entram na escola com notórias vantagens culturais em relação a crianças de origem social mais precária (favelas, zonas rurais, cortiços, habitantes das ruas etc.). Uma maior diferença entre lares culturalmente despojados mede-se pela extensão e desenvolvimento da fala das crianças.*

---

21 Benjamin S. Bloom. *Compensatory Education for Cultural Deprivation.* New York: Holt, 1967.

A essas influências do meio, quase sempre imperceptíveis, mas que guardam peso específico bastante ponderável na velocidade da aprendizagem escolar das crianças advindas de meios sociais diferentes, é que se dá o nome de currículo oculto.

Uma das principais funções da pré-escola está exatamente em tentar equalizar, dentro do possível, a carga de currículo oculto portado por seus alunos, tendo em vista a heterogeneidade sociocultural de suas origens.

•.

Finalmente, há que dizer algo, ainda que de modo rápido e sintético, a respeito do problema da carência afetiva, que também influi de maneira pertinente no aproveitamento escolar das crianças. Nesse caso, o nível socioeconômico das famílias já não é tão relevante, como ocorre com outras carências. Porque os males do desafeto podem ocorrer em qualquer nicho existencial da vida das pessoas. As carências afetivas constituem-se na matéria-prima da psiquiatria. De um modo geral surgem da falta de carinho materno e assumem maior gravidade entre crianças criadas fora do lar, em instituições do tipo orfanato, por exemplo.

Os cuidados proporcionados pelos pais aos filhos durante a infância são de fundamental significação para o futuro de sua saúde psíquica. Esta é também uma convicção de John Bowlb (1907-1990), expoente da psiquiatria inglesa.

A vida moderna, com suas exigências crescentes de consumo e conforto material, tem feito com que o contato entre pais e filhos se torne cada vez mais difícil. Mães trabalham e passam o dia longe dos filhos, que cada vez mais dependem de babás e cuidadoras para sobreviver. E, nas famílias mais pobres, o problema chega a agravar-se

PONTUALIDADES

ainda mais, pois, sem recursos para contratar quem possa cuidar das crianças, ficam estas ao deus-dará, soltas pela rua, a adquirir hábitos destrutivos de violência e conduta antissocial. A privação afetiva marca profundamente a personalidade dos menores, a ponto de um especialista, D. Levy, ligado aos Anais Americanos de Psiquiatria, ter elaborado um rol de comportamentos patológicos próprios de crianças com carências afetivas. Ei-lo:

a superficialidade nas relações;

b ausência de verdadeiros sentimentos, dificuldade para fazer amigos e preocupar-se com o próximo;

c exasperante repulsa aos que desejam prestar auxílio;

d falta de reação emotiva a estímulos variados, onde as reações são normais;

e ausência de interesses;

f atitudes dissimuladas e falta de sinceridade;

g cleptomania;

h falta de concentração no trabalho escolar.

 Seria de acrescentar-se nesse quadro o moderno fenômeno do *bullying*, que traduz violência de aluno para aluno e de aluno para professores.

CAMINHOS E DESCAMINHOS DA EDUCAÇÃO BRASILEIRA

O ajustamento psicológico do aluno ao convívio coletivo com os colegas e à autoridade dos docentes é imprescindível ao processo educativo. Se não trouxer consigo, aos 6 ou 7 anos de idade, essa capacidade, dificilmente conseguirá ter sucesso na sua trajetória escolar. Detectar e tentar minimizar os efeitos desse tipo de carência deverá, certamente, ser outro dos objetivos da pré-escola.

Como se vê, a oferta dessa fase preliminar de escolaridade para criança de 0 a 6 anos de idade, não só tornaria os alunos do ensino elementar mais ajustados a seus intentos de educar-se, como também eliminaria, em grande parte, os graves problemas da evasão e da reprovação, as quais aumentam a injustiça social no País e encarecem demasiadamente os custos da educação nacional.

3 O COMEÇO DE TUDO

Os sistemas de ensino de um país podem ser comparados a pirâmides, com uma base larga, na qual se situa o grau fundamental; a seguir, um módulo intermediário, que se estreita e no qual se desenvolve o grau médio (a junção de ambos os graus resulta na chamada educação básica) e, no ápice, o grau superior, com suas faculdades e universidades, em que o estreitamento tende a se acentuar. Num país desenvolvido ou nos emergentes, a base deve acolher todas as crianças entre seis e quinze anos de idade, não apenas proporcionando-lhes matrículas nas escolas, mas também assegurando que todas (ou pelos menos a sua maciça maioria) possam completar o 9º ano com sucesso. Aqui no Brasil, conseguiu-se, na passagem do século XX para o XXI, criar as vagas necessárias ao completo atendimento das crianças de 6 e 7 anos, o que representa um importante avanço nas políticas públicas. O que falta, e talvez seja isso o mais importante, é dar qualidade a essa primeira escolaridade aberta a todo o povo, eis que já se pratica entre nós a universalização desse grau de ensino (exigida, aliás, pela Constituição Federal).

Qualidade, nesse caso, significa, de um lado, *meios para manter todos os matriculados da série inicial cursando as demais séries até a última*, e, de outro, *pertinência na organização escolar* (prédio, equipamentos, planos pedagógicos realistas e factíveis, didáticas modernas e competentes para assegurar sucesso no processo de ensino e aprendizagem, professores bem capacitados e produtivos) em relação aos vetores da modernidade, às aspirações futuras da sociedade brasileira, aos rumos do desenvolvimento nacional e às necessidades individuais do educando.

•.

O grau fundamental, base da pirâmide, é o mais importante momento da vida escolar de um povo. Isto não só porque a maioria da população apenas disporá dele como educação formal – pois constitucionalmente é o único obrigatório e universal – como também porque o convívio com o progresso tecnológico bem como a formação cidadã dependerão inteiramente do bom aproveitamento pelos alunos da qualidade desse grau de ensino.

Nos termos em que se encontra, hoje, com uma escandalosa incapacidade de alfabetizar seus alunos ainda na primeira série e com esse equívoco pedagógico de apenas valorizar a aprendizagem em desfavor do ensino propriamente dito, o que vem resultando em alguns sistemas numa – repito – condenável aprovação automática de alunos semialfabetizados, a escola fundamental brasileira tem fracassado em seus intuitos. Em vez de preparar a população para os desafios culturais, econômicos e políticos do futuro (entendam-se políticos como ação cidadã, sem vínculos obrigatórios com partidos

CAMINHOS E DESCAMINHOS DA EDUCAÇÃO BRASILEIRA

ou ideologias), a escola fabrica contingentes cada vez mais numerosos de analfabetos funcionais, aqueles que passam pela escola sem nada aprender.

Este é o maior problema da atual crise educacional, como tenho insistido: uma escola que não ensina, não estimula o conhecimento e não forma adequadamente – como provam estatisticamente as avaliações nacionais e estrangeiras sobre os resultados obtidos em provas do MEC (Brasil e Enem), e outras, como o Pisa, patrocinado pela OCDE ou pela Unesco. Ademais de prejudicar essa maciça maioria de brasileiros que só poderá contar com o diploma de ensino fundamental para o enfrentamento de uma vida cada vez mais competitiva e mais complexa, ainda o reflexo dessa educação manca e insatisfatória vai bater nos graus seguintes de ensino (o médio e o superior), cujos níveis de qualidade caem incessantemente, dadas as insuficiências portadas pelos que terminaram o fundamental, sem saber os fundamentos de coisa alguma.

Para salvar a qualidade da educação brasileira não há necessidade de reformas mirabolantes, que incluam todos os graus de ensino: basta encontrar meios para qualificar o ensino fundamental e fazer dele o que a Unesco denomina de um "ensino pertinente".

4 EDUCAÇÃO E TRABALHO NA ATUALIDADE (NOVAS EXIGÊNCIAS)

a   *Na educação:* urge que sejam reformulados radicalmente os objetivos e procedimentos da escola que aí está a fim de transformá-la num centro ativo de preparação dos alunos para a autodidaxia e a educação permanente. Há que diminuir a importância das lições formais que transmitem conhecimentos cediços e, não raro, defasados, para levar crianças e jovens a uma

PONTUALIDADES

postura interativa com professores, livros, computadores e experiências extraescolares, a fim de que desenvolvam capacidades de autoaprendizagem, de organização e aplicação de informações, de gosto pela pesquisa, de postura crítica, de tomada de decisão e de ação empreendedora.

Dentro de uma sucessão de causas e efeitos se poderá afirmar que de uma boa educação vai depender o poder de competição do trabalhador e deste, sem dúvida, dependerá o sucesso nesta nova economia da informação.

A sociedade do conhecimento precisa ter em seu âmago o conceito da pessoa instruída. Este terá que ser um conceito universal, precisamente porque a sociedade do conhecimento é uma sociedade de conhecimentos e é global – em seu dinheiro, sua economia, suas carreiras, sua tecnologia, suas questões básicas e, acima de tudo, em suas informações.[22]

b *No trabalho:* cada vez mais se exigirá do trabalhador a clara compreensão das máquinas e tecnologias com as quais deverá conviver e operar daqui para a frente. Para tanto, só com muita escolaridade, e muito boa escolaridade. Acabou o tempo de o trabalhador valer-se apenas de seus braços e algumas horas de treinamento *in service* para ocupar um posto de trabalho, onde estaria a salvo de incertezas, até a chegada de sua aposentadoria. A partir de agora, o que vai determinar oportunidades profissionais é o preparo geral e específico do trabalhador no ramo em que atua ou em outro para o qual se recicle, preparo esse a ser continuamente atualizado em programas de educação

---

22 Peter Drucker. *Sociedade Pós-Capitalista*. Lisboa: Actual, 2003.

95

CAMINHOS E DESCAMINHOS DA EDUCAÇÃO BRASILEIRA

permanente, sejam eles presenciais ou digitais. Daí que a atual onda de desemprego atinja de preferência os menos escolarizados ou aqueles sem qualquer nível de escolarização.

E não adianta pensar em criação de novos empregos para contratá-los enquanto se não fizer um gigantesco programa de capacitação desses desescolarizados, que veem suas oportunidades de trabalho se evaporarem a cada dia que passa. Com isso, os jovens não conseguem seu primeiro emprego, os adultos perdem os empregos que tinham, e a informalidade campeia no mercado.

c   *Na organização empresarial:* está passando a vez das estruturas verticalizadas de poder na empresa, com a sobreposição de camadas de comando e decisão, como ocorre nas corporações militarizadas. Com a educação crescente do trabalhador; com a democratização da posse de informações, via televisão e internet; com a corresponsabilidade de todos os integrantes da empresa por seu sucesso ou insucesso; com os avanços da governança corporativa mais aberta e distributiva na tomada de decisões, bem como com o conhecimento da organização, de sua estrutura e funcionamento e dos resultados por ela alcançados na guerra do mercado, a empresa passa a ser um bem comum de todos os que nela atuam. Não há mais espaço para a reserva de segredos nas mãos do dono ou do CEO, segredos esses que visariam fortalecer o seu poder de mando.

A difusão informativa no seio da empresa ou de qualquer outro tipo de organização, bem como a coparticipação ativa do corpo social em seu destino como unidade econômica que é, estabelecem, hoje, a linha divisória entre o sucesso e o insucesso do negócio. Assim,

PONTUALIDADES

um sistema de *intranet* e de transparência faz-se necessário para a circulação de informações entre os colaboradores de uma corporação.

Parece mentira, mas, na área escolar, por exemplo, ainda se encontram empresários, principalmente de ensino superior, que continuam a praticar esse estilo de administração, que esconde tudo de todos, como se professores e alunos fossem inimigos mortais de sua organização e não colaboradores fundamentais dos quais depende a própria sobrevivência da instituição. Ninguém sabe nada do que acontece no dia a dia da escola; enquanto isso, há donos que se colocam na boca do cofre de segredos administrativos, como um Cérbero a impedir assim uma admirável oportunidade de contribuição de todos os colaboradores, tanto alunos como professores e funcionários, para a realização de uma obra, que é coletiva, e não depende apenas da visão (ou da falta dela) de uma única pessoa. Tipos como esses, jurássicos, em plena era do saber compartilhado, ainda sobrevivem em todo e qualquer gênero da empresa, principalmente nas familiares. No entanto, é certo que uma sugestão do faxineiro poderá, eventualmente, ser tão valiosa quanto as elucubrações sofisticadas dos consultores do mais alto nível da organização.[23]

5 A POLÊMICA REFORMA DE 1971 (LEI Nº 5.692)

Cremos que, no que diz respeito ao ensino de 1º grau (hoje ensino fundamental), a Lei nº 5.692/71 teve colocações acertadas, que continuam válidas e devem ser perseguidas pelos sistemas, sobretudo estaduais, a quem está afeta a responsabilidade pela ministração desse grau de ensino. Se melhorias qualitativas não têm acontecido nas escolas, isso se deve, basicamente, a duas ordens de fatores: poucos recursos financeiros

---

23 Ver mais sobre esse tema na Parte III deste livro, no capítulo intitulado *Governança Corporativa*.

97

CAMINHOS E DESCAMINHOS DA EDUCAÇÃO BRASILEIRA

para suportar os altos custos de um bom ensino de nove anos e formação inadequada dos professores e especialistas, que continuam a receber dos cursos em que se licenciam uma habilitação que pouco tem a ver com a realidade a ser trabalhada nas escolas de ensino básico do Brasil. Por isso, haveria pouco a alterar na Lei nº 5.692/71 em relação ao 1º grau desse ensino, restando apenas buscar os meios para melhor cumprir os seus mandamentos.

Quanto ao ensino de 2º grau, hoje chamado ensino médio, a lei mostrou-se polêmica desde a sua aprovação. A obrigação de tornar profissionalizantes todos os cursos, até então de feição acadêmica, e de exigir de todos os alunos – tivessem ou não a intenção de ingressar no mercado de trabalho – a posse de um diploma de técnico em um dos três setores da economia parecia uma proposição de insensatos, tendo em vista a tradição cultural do País e a falta de condições objetivas das escolas para assim procederem.

Nossa posição pessoal foi sempre restritiva em face dessa exigência legal. Em oportunidades diversas, quer no recinto dos Conselhos Federal e Estadual (São Paulo) de Educação, quer em tribunas várias, de universidades, associações e meios de comunicação, ao longo de mais de uma década, fizemos sempre presentes, em alto e bom som, as nossas divergências em relação ao malfadado Art. 5º da Lei nº 5.692/71, que minimizou a *paideia* na formação dos jovens.

•.

Independentemente das nossas previsões pessimistas e dos muitos argumentos cheios de advertências que outros adversários da reforma expenderam na ocasião, os fatos se encarregam de demonstrar que as aspirações do ensino de 2º grau, conforme as definia a Lei nº 5.692, eram realmente inviáveis.

PONTUALIDADES

Em primeiro lugar, os anos de euforia econômica da bolha de prosperidade do início dos anos 1970 passaram logo, e, a partir de 1974, começou o Brasil a sentir os aguilhões da crise internacional dos combustíveis. A alta incontrolada dos preços do petróleo detonou o processo de recessão econômica no País, o que, por sua vez, fez disparar a inflação e agravar o desemprego. Se já não havia crescimento econômico nem expansão do mercado de trabalho, para que continuar preparando (e mal) imensos contigentes de técnicos de 2º grau? Essa era a pergunta que as pessoas de bom-senso se faziam.

Por essas mesmas razões conjunturais, a que se somaram outras de natureza doutrinária, as ideias desenvolvimentistas e a teoria do capital humano, mediante a prevalência da *tecne* sobre a *paideia*, passaram a sofrer visível corrosão em seus contornos. Aos poucos, se abandonava a ilusão do Brasil potência, um verdeamarelismo para inglês ver; e os economistas, que exerceram verdadeira hegemonia no planejamento educacional do final dos anos 1960 e iniciais da década seguinte, bateram em retirada do setor, voltando os educadores a se ocupar dessa tarefa. Com o tempo, os argumentos mudaram de tom e fundamento, e foi possível verificar a validade das críticas que se faziam à reforma do ensino, no tocante ao 2º grau.

A própria realidade das redes escolares se contrapôs ao fiel cumprimento dessa lei. A tradicional escassez dos recursos financeiros alocados para o setor educacional do Brasil, agravada pela crise que crescia e que os tornava de todo insuficientes para suportar um programa de encarecimento da educação, eis que o ensino profissionalizante é sempre mais caro do que o ensino comum, fez com que a falta de verbas dificultasse a implantação da reforma. Não havia como adaptar os prédios escolares, equipá-los com oficinas, maquinarias, laboratórios e aparelhamentos, contratar pessoal técnico e

CAMINHOS E DESCAMINHOS DA EDUCAÇÃO BRASILEIRA

administrativo indispensável, formar professores para a parte especial do currículo e tomar outras providências que a transformação de uma rede de estabelecimentos acadêmicos em profissionalizantes exigiria. O fracasso foi retumbante e indisfarçável. Assim é que se armou uma gigantesca e condenável farsa, com escolas fazendo de conta que profissionalizavam e outras profissionalizando apenas em ramos da atividade técnica de baixo custo, para os quais não havia mercado de trabalho, como patologia clínica, secretariado, contabilidade, auxiliar disto e daquilo etc.

•.

A propósito, parece-nos oportuno reafirmar que, durante mais de uma década, travamos praticamente sozinhos no Conselho Federal de Educação (as publicações intituladas Documenta, da época dos anos 1970 e 1980, registram os textos contendo a matéria) uma incansável batalha contra os malefícios da Lei nº 5.692/71. Chegamos mesmo a levar um pito do presidente Ernesto Geisel, quando da visita que os conselheiros lhe fizeram no Palácio do Planalto. Ao lhe apertar a mão em despedida, disse-me, com aquele seu enigmático sorriso: *Professor, não perca tempo: na minha gestão, a Lei nº 5.692 é intocável*. Coisa de ditadores!

6 MAIS CRÍTICAS À REFORMA DE 1971
(DISCURSO NA ESCOLA SUPERIOR DE GUERRA, 1973)

O ensino de 2º grau tal qual o definiu a reforma de 1971 apresenta-se perante o educador como a esfinge se apresentou a Édipo na estrada de Tebas: como um desafio, que inclui a mesma ameaça – "decifra-me ou devoro-te". Porque, se antes, na forma de ensino médio de 2º ciclo ou colegial, tinha bem definida a sua dupla função

100

PONTUALIDADES

de preparar alunos para os vestibulares universitários no ramo secundário (clássico e científico) e de formar profissionais para o trabalho no ramo técnico (agrícola, comercial, industrial e normal), já agora não mais sabe o que deve fazer. Por essa indecisão entre objetivos a atingir e meios a utilizar, começa a pagar um alto e penoso tributo. O fato de ser esse um problema também de alguns países de primeiro mundo, em nada minora a sua gravidade para o caso brasileiro.

Os legisladores da reforma, impressionados com o tradicional academicismo dos cursos colegiais, repletos de aspirantes ao ensino superior, e com o abandono dos cursos técnicos que, com exceção do curso normal e do comercial, viviam às moscas, promoveram a sua radical transformação, exigindo que todo estudante de 2º grau se profissionalizasse nesta ou naquela habilitação para o trabalho. A presunção era a de que o mercado de trabalho absorveria essa nova multidão de técnicos, aliviando as universidades da grande pressão de clientes à sua porta.

A realidade não confirmou a tese: os vestibulares continuaram regurgitantes, e os colégios não conseguiram adequar a sua estrutura às exigências da profissionalização. Parece que os principais obstáculos à implantação dessa reforma podem ser assim catalogados:

1   A falta de tradição brasileira no que diz respeito ao ensino técnico, que sempre mereceu, entre nós, um acentuado desapreço, por força de uma tradição secular de valorização dos estudos acadêmicos e humanísticos.

2   A ausência, à época, de estatísticas válidas e atualizadas para o dimensionamento das carências estruturais e conjunturais

101

CAMINHOS E DESCAMINHOS DA EDUCAÇÃO BRASILEIRA

do mercado de trabalho, que nada tem de estático; pelo contrário, se reveste de uma dinâmica dificílima de acompanhar e de dimensionar.

3   A inexistência de professores bem preparados para a ministração de aulas em cursos profissionalizantes. Mesmo no antigo ensino profissional, essa era uma lacuna sempre evidenciada, a ponto de muitos professores serem apenas mestres de ofícios, despreparados pedagogicamente. Agrava-se o quadro com a constatação, fácil de fazer, de que as escolas superiores destinadas a formar quadros docentes jamais se preocuparam com a graduação desse tipo de professor.

4   A inadequação da grande maioria das escolas, que até então só dispunham de salas de aula convencionais para a ministração dos seus cursos, em regra, dissertativos e livrescos, sem qualquer compromisso com oficinas, laboratórios ou salas ambientes, e completamente desvinculados de empresas e setores voltados para o trabalho.

Acrescente-se ao elenco o alto custo operacional dos cursos técnicos e ter-se-á uma amostra das imensas dificuldades que os sistemas teriam de enfrentar para dar cumprimento cabal às novas imposições legais.

Pensou-se ir dos oito aos oitenta, com o advento da Reforma. Mas, por força das dificuldades existentes, algumas delas já destacadas, não se conseguiu, na verdade, ir muito além do oito. Observou-se, é certo, da parte das administrações dos sistemas, um enorme esforço no sentido de implantar-se a nova diretriz. O que se conseguiu, entretanto,

PONTUALIDADES

com raros casos de inconteste sucesso, foi chegar a uma destas duas situações, ambas, a nosso ver, indesejáveis:

a   Uma simulação de ensino profissional com a montagem de cursos que, no plano didático-pedagógico, têm características de legalidade, mas que, na ação concreta, refogem ao planejado e acabam concentrando todo o esforço na linha tradicional de preparação para a universidade.

b   Uma oferta de ensino profissional nas áreas que exigem menores investimentos de escola, mas que talvez não sejam as mais requisitadas pelo mercado, o que trará, por consequência, o inflacionamento futuro desse mercado com multidões de habilitados sem oportunidade de emprego.

Outra distorção que se tem observado é a insistência em equacionar cursos mediante a tentativa de introduzir, na antiga escola acadêmica, um pacote fechado de matérias de informação especial, que apenas se estudavam nas escolas técnicas. Ora, se as escolas técnicas já eram anteriormente criticadas pelo seu relativo divórcio da realidade empresarial, em que a dinâmica tecnológica torna obsoletos com muita rapidez certos procedimentos aprendidos nos cursos profissionais, como não será de duvidosa validade a transferência para todas as escolas de 2º grau do estudo dessas mesmas matérias e da aprendizagem desses mesmos procedimentos? Isso significa que, para profissionalizar, não basta apenas montar cursos que habilitem especificamente para o exercício desta ou daquela profissão em nível médio, e sim que hão de ser esses cursos montados com a preocupação predominante de dotar os alunos de uma educação geral e científica

CAMINHOS E DESCAMINHOS DA EDUCAÇÃO BRASILEIRA

sólida e de princípios básicos relativos a cada setor de atuação profissional, a fim de que, em curto espaço de tempo, e tendo em vista novas exigências do mercado de trabalho, venham eles, mediante reciclagem sucessivas, a adaptar-se facilmente às situações emergentes. Como decorrência, cremos não poder mais o ensino de 2º grau ser um problema exclusivo da escola e dos educadores. Dele devem participar ativamente, tanto na fase de definição e planejamento quanto na de execução e avaliação, as entidades e os técnicos dos setores empresariais.

O eventual sucesso dessa reforma do ensino de 2º grau estaria, pois, a nosso ver, inteiramente condicionado à implantação de cursos profissionais nas escolas tradicionalmente cultivadoras de planejamento integrado com os setores empresariais, que conhecem as flutuações do mercado de trabalho e são os maiores interessados no tipo de produto que as escolas possam oferecer-lhes ao fim de cada projeto. Dadas essas ambiguidades e esses conflitos, eis por que esse grau de ensino, segundo as colocações da Lei nº 5.692, parece-se, cada vez mais, no Brasil, com a esfinge de Édipo (1973).

7 AUTONOMIA ESCOLAR

Há muitas correções a fazer para que a escola pública resgate a sua missão democrática, como escola do povo, e sua capacidade de bem ensinar, mas a primeira delas, a que deve ser encarada com extrema urgência, é a sua libertação dessa rede de entraves burocráticos que hoje a sufoca. Devolva-se a responsabilidade de pensar e executar a educação à competência dos professores e retirem aos "sábios" de gabinete da cúpula do sistema esse poder de prejudicar o ensino, a pretexto de torná-lo mais eficiente e qualificado. E que se aproveite o ensejo para arquivar grande parte das instruções ora vigentes para

104

PONTUALIDADES

o funcionamento de uma escola pública. Porque ela pode ser materialmente pobre e pedagogicamente obsoleta, mas, se dispuser de professores livres para criar e prover, será, sem dúvida alguma, uma escola melhor para aqueles que dela dependem para aprender.

8 CONCEITOS DE ENSINO SUPERIOR

O ensino superior não o é apenas porque rompe o ápice da pirâmide educacional brasileira. Pelo contrário, chama-se superior pela natureza da sua epistemologia científica. Assim, não cabe assimilá-lo a uma simples referência topológica, como já se fez um dia, denominando-o de ensino de 3º grau.

Essa prática indevida tomou corpo até mesmo nos círculos mais especializados do sistema de educação, como os Conselhos, e recebeu apoio de textos legais importantes, como foi o caso do Conselho Estadual de São Paulo, que passou, no seu regimento, dos anos 1970, a denominar sua Câmara de Ensino Superior como Câmara de Ensino de Terceiro Grau.

Não será demais lembrar que o gosto pela substituição nomenclatural desse nível de ensino, de superior para 3º grau, coincidiu com a superveniência do regime militar de 1964, que trouxe consigo a preocupação de tudo simplificar e simetrizar para mais facilmente reformar. Com pouco sucesso, diga-se de passagem.

As motivações iluministas, que pretenderam mudar o Brasil pela via autoritária de implantação de modelos havidos como modernizadores e eficazes na economia, na administração pública, na política e na educação produziram reformas em grande parte apenas nominais, porque muitas nem chegaram a sair do papel, e uma paixão por terminologias logificadas e organogramas tomou conta dos dirigentes em todos os escalões do governo.

CAMINHOS E DESCAMINHOS DA EDUCAÇÃO BRASILEIRA

Ademais, foi um tempo de populismo desenfreado, em que a massificação mascarou a democratização de vários segmentos da vida nacional, inclusive a educação. O sonho da expansão de vagas e cursos no ensino superior obedeceu a critérios puramente quantitativos e se implantou ao preço de um rebaixamento continuado da qualidade de ensino.

A palavra superior não soava bem num panorama desses, razão pela qual esse insosso 3º grau passou a merecer equivocadamente as preferências gerais. Como, no passado, ensino superior se associava sempre à ideia de privilégio social e econômico, melhor seria substituir, na visão dos administradores da época, a expressão por ensino de 3º grau, a qual, sendo aritmeticamente neutra, poderia caber melhor no contexto sociocultural, com seus apelos de massificação.

Na verdade, o ensino superior não o é, nem por vir após o grau médio, nem tampouco por ocupar o ápice da escala de escolarização. O que o faz superior é a natureza dos seus fins, a cientificidade dos seus métodos e a complexidade dos seus temas.

Enquanto os ensinos fundamental e médio se valem de um saber simplificado e, em grande parte, factual, ainda que cientificamente fundamentado para a formação de crianças e jovens que frequentam seus cursos, o superior tem, como fundamento, a abordagem sistêmica e aprofundada dos problemas que focaliza. Cabe-lhe criar os novos saberes, mediante a pesquisa, difundir a cultura organizada e sistêmica, mediante o uso de uma semântica apropriada, e repartir o seu conhecimento com a comunidade externa às faculdades e universidades, mediante a prática do extensionismo.

●●

PONTUALIDADES

O que marca o saber universitário é a complexidade intelectual do pensamento em que se assentam as suas proposições. Essa é a razão pela qual esse ensino sempre foi e continuará sendo elitista, tomando-se o termo como expressão da "aptidão intelectual para estudos superiores", como dizia a Lei nº 5.540/68, em seu Art. 21, e não como privilégio de casta socioeconômica. É um ensino para as minorias mais bem-dotadas cultural e intelectualmente.

O ensino superior se ministra tanto em faculdades e cursos isolados quanto em universidades. Tanto umas como outras visam aos mesmos fins: formar superiormente os seus alunos. Apenas que o fazem de forma diferente, eis que os estabelecimentos isolados costumam ser academicamente mais pobres que as universidades, que, por definição, se apresentam como a melhor estrutura jamais concebida pelo homem para a criação, a transmissão e a aplicação do conhecimento.

9 COMO ENTENDER AS CONSTITUIÇÕES

As Constituições podem ser estáveis ou transitórias, conforme durem largos períodos de tempo ou se façam substituir com aligeirada frequência. O maior exemplo de uma Constituição estável é a norte--americana que, apesar das emendas recebidas, permanece basicamente com a mesma redação de sete artigos que lhe deram, há mais de duzentos anos, os signatários de Filadélfia.

Em compensação, os mais clamorosos exemplos de Cartas transitórias podem estar aqui mesmo no Brasil, onde já se trocou de Constituição com a mesma facilidade com que se muda de roupa.

Das muitas razões que podem explicar a estabilidade de uma Constituição, duas parecem merecer maior destaque: de um lado, a correspondência entre a teoria e a prática, isto é, entre as proposições que formam o contexto legal e as realidades que ocorrem

CAMINHOS E DESCAMINHOS DA EDUCAÇÃO BRASILEIRA

objetivamente na vida social e econômica da nação; e, de outro, a essencialidade dos dispositivos da Carta, que se devem apresentar isentos de circunstancialidades e modismos, bem como de miuçalhas e detalhes, para concentrar-se nos aspectos mais gerais e permanentes da realidade a ser disciplinada. Uma Constituição não pode deixar de enraizar-se nas forças vitais de uma nação, e, quando uma nação for heterogênea, como o Brasil, não pode deixar de ser genérica e sintética em seus princípios.

Corresponder às forças reais da nação é o mesmo que dispor de um texto substantivo que traduza a vitalidade das correntes que movem a sociedade. Acima das diferenças superficiais, das crenças de circunstância, dos usos e costumes sazonais, há sempre na vida social um conjunto de forças e tendências, de vocações e impulsos que permeiam, o tempo todo, a vida de uma coletividade, dando-lhe um sentido de unidade, servindo-lhe de inspiração comum e propiciando-lhe uma permanência no tempo. É algo assim como o próprio substrato essencial da nacionalidade. Sempre que a Constituição apreende e registra esses valores infensos à mutabilidade superficial, é certo que durará mais do que aquelas que se apresentam recheadas de regulamentações e casuísmos de todo tipo. Parodiando o poeta Manuel Bandeira, também no que diz respeito às Constituições: *É preciso trocar o moderno pelo eterno.*

Tentando explicar as causas da longevidade constitucional, Ferdinand Lassale desenvolveu em seu livro *Que é uma Constituição*[24] a teoria dos fatores reais do poder. Seriam eles essas forças imanentes de uma sociedade, que se constituem no seu arcabouço histórico e institucional. Ou, segundo suas próprias palavras, são

---

24 Ferdinand Lassale. *Que é uma Constituição.* São Paulo: Edições e Publicações Brasil, 1933.

PONTUALIDADES

fatores que regulam no seio de cada sociedade essa força ativa e eficaz que informa todas as leis e instituições jurídicas da sociedade em apreço, determinando que não possam ser, em substância, a não ser tal como elas são.

Isto quer dizer que o elaborador de uma Constituição terá sempre de levar em conta todas as forças que atuam e têm peso específico em determinada sociedade, colocando-as expressamente como participantes da organização nacional. Caso contrário, os fatores voluntária ou involuntariamente omitidos passarão a ser focos de insatisfação e desequilíbrio, que poderão levar à ruptura do pacto político e social e à consequente inutilização da Carta.

Lassale exemplifica com o caso da antiga Prússia: Se alguém se abalançasse a escrever-lhe a Constituição, dela excluindo a contribuição e o papel das Forças Armadas, cometeria uma temeridade sem nome, pois nas Forças Armadas desse império se localizava uma das principais fontes de poder de seus estadistas.

10 NATUREZA DE UMA LDB

Os princípios que regem a educação nacional, enunciados no texto constitucional, devem ser ajustados, na sua aplicação, a situações reais, que envolvem: o funcionamento das redes escolares, a formação dos especialistas e docentes, as condições de matrícula, aprendizagem e promoção de alunos, os recursos financeiros, materiais, técnicos e humanos para o desenvolvimento do ensino, a participação do poder público e da iniciativa particular no esforço educacional, a superior administração dos sistemas de ensino, as peculiaridades que caracterizam a ação didática nas diversas regiões do país etc. São esses ajustamentos, essas diretrizes nascidas das bases inscritas na Carta Magna que se constituem na matéria-prima de uma Lei de Diretrizes e Bases da Educação Nacional.

CAMINHOS E DESCAMINHOS DA EDUCAÇÃO BRASILEIRA

Da ação conjunta do texto constitucional e do contexto da Lei de Diretrizes e Bases nascem a política e o planejamento educacionais, e depende o regular funcionamento das redes escolares de todos os graus de ensino. Ambos esses códigos legais funcionam harmônica e interdependentemente, como cara e coroa da mesma moeda, que, no caso, é a educação nacional. Essa integração normativa com a Constituição gera, para a Lei de Diretrizes e Bases, algumas características, que serão destacadas a seguir:

1   A LDB não pode divergir filosófica e doutrinariamente do que estatui a Constituição, no que diz respeito aos princípios guiadores da educação brasileira.

2   A LDB não pode nem acrescentar, nem substituir, no seu texto, algo não consagrado expressamente na Constituição.

3   A LDB não pode conter minúcias nem normas de regulamentação casuística, devendo sua linguagem primar pela clareza, pela generalidade e pela síntese (Não fora ela uma Lei de Diretrizes!). Sendo, como é, uma lei de âmbito nacional e compondo-se, como se compõe o Brasil, de uma variedade incontestável de situações das mais diversas e contrastantes, se não for genérica e abrangente nas regras que contém, não valerá para todos os sistemas de ensino, como é do seu dever. Ademais, estando a educação sujeita, o tempo todo, a mutações dinâmicas (e sucessivas), se o texto de sua lei básica não for sintético e amplo, com vistas à estabilidade normativa, a lei de hoje poderá ser inútil amanhã.

PONTUALIDADES

4   A LDB deve regular a vida das redes escolares, no que diz respeito ao ensino formal, ficando fora de seu alcance todas as manifestações de ensino livre e aquele tipo de curso que funciona sob a supervisão de outros órgãos, que não os da administração superior dos sistemas de ensino, como, por exemplo, os militares e os de treinamento profissional, bem como todos os vinculados à educação permanente ou continuada, que têm a natureza do ensino não regulamentado.

11   POR QUE CONSELHOS DE EDUCAÇÃO?

A Constituição de 1946, que sucedeu à "Polaca" de 1937[25], buscou diminuir radicalmente os poderes da União, descentralizando ao máximo os poderes da presidência e seus ministérios. Assim é que, na área da educação, retirou do MEC o poder excessivo que lhe dera o antigo regime ditatorial, colocando na estrutura dos sistemas de ensino uma espécie de dois poderes que se equivaliam: o do Ministro e o de um colegiado, denominado Conselho de Educação. Os Conselhos, a partir da vigência da Lei nº 4.024/61 de Diretrizes e Bases da Educação Nacional, funcionaram como uma espécie de Poder Legislativo da Educação, elaborando normas, aprovando cursos superiores, promovendo sindicâncias no âmbito do sistema, determinando intervenções em universidades e faculdades, mudando o currículo dos cursos e interpretando o sentido das normas da LDB, interpretação essa válida para todo o Brasil.

---

25 Apelido que recebeu por ter sido inspirada na Constituição Ditatorial de Pilsudsky, na Polônia.

CAMINHOS E DESCAMINHOS DA EDUCAÇÃO BRASILEIRA

Quanto ao ministro, cabia-lhe homologar as decisões do Conselho Federal e fazê-las executar. Podia também vetá-las, mas detinha o Conselho o poder de rejeitar o veto, caso em que o presidente do colegiado promulgava a norma em questão.

Os sistemas de ensino foram organizados à luz do critério federativo, visto que havia um Conselho Federal para cuidar dos assuntos da União e outros estaduais, um por Estado, todos autônomos em relação aos demais, para decidir sobre os assuntos regionais.

Só não se criaram Sistemas Municipais, com os seus respectivos Conselhos, já que os assuntos locais seriam decididos pelos respectivos Conselhos Estaduais (os municipais só surgiriam com a Constituição de 1988 e a LDB de 1996).

O Conselho Federal respondia, como órgão consultor, tanto ao Presidente da República quanto ao MEC (Art. 9º, letra a, da LDB – Lei nº 4.024), até porque o seu Regimento tinha a aprovação direta do presidente, e não do ministro. Essa autonomia do colegiado duraria até a transição do regime militar (governo Itamar Franco) para o civil, quando surgiram acusações de suposta corrupção cometida por algum conselheiro havido como menos sério, acusações essas que ninguém apurou, como seria obrigatório. Aprovou-se, então, uma lei extinguindo o Conselho Federal e dando novamente superpoderes ao ministro de Educação.

Criou-se o Conselho Nacional, um colegiado um tanto quanto extravagante, eis que não só assumiu as competências residuais do antigo Conselho Federal da Educação, como ainda extrapolou, com sua criação, a própria Federação, uma vez que, pela Constituição, os órgãos ditos nacionais (exceto as cúpulas dos Poderes Executivo, Judiciário e Legislativo) são fruto de um certo artificialismo, porque de fato e "de júris" ou são federais, ou são estaduais, ou são municipais.

PONTUALIDADES

Na verdade, os Conselhos, que tiveram sua idade de ouro entre os anos de 1961 e 1994, acabaram por se tornar órgãos um tanto quanto adjetivos, sob o comando real das estruturas executivas, respectivamente: Ministro da Educação e Secretários de Estado.

12 ÉTICA E ANTIÉTICA

A teoria da ética, como se sabe, foi, nos anos 300 a.c., estudada de forma sistêmica por Aristóteles, embora não se desconheça que antes dele muitos abordaram a questão incidentalmente nos seus escritos filosóficos, políticos e históricos. E o que ficou claro desde então é que:

1 O sumo objetivo do comportamento ético é o bem.

2 O supremo bem é a busca da felicidade pelo homem.

3 A felicidade consiste pouco mais ou menos nisto: viver bem e praticar o bem. Tanto que os bens da vida, todos de natureza moral e não material, são alcançados somente por aqueles que agem retamente.

4 As relações humanas em quaisquer circunstâncias devem ser presididas pelo comportamento ético.

5 Os fins a serem atingidos não devem justificar os meios para isso usados.

6 Os princípios éticos derivam da inclusão humana para o bem e tudo que o homem conquistar fora disso poderá acarretar-lhe infelicidade e sofrimento moral.

113

CAMINHOS E DESCAMINHOS DA EDUCAÇÃO BRASILEIRA

Cristo, quando por aqui peregrinou, não só confirmou as verdades essenciais das teses de Aristóteles, embora não haja evidência de que as conhecia, como as enriqueceu com expressões consagradas nos Evangelhos, das quais se destaca o ensinamento básico do convívio humano à luz da ética cristã: "Amai-vos uns aos outros". E, no amor, como condição de felicidade, colocou o Nazareno o bem supremo, correspondente ao eudemonismo aristotélico da conduta ética dos seres humanos.

Tanta intimidade há ente o pensamento do sábio grego e as mensagens de Cristo que, em plena Idade Média, foi possível a Santo Tomás de Aquino realizar a grande síntese, na sua Suma Teológica, dessas duas magníficas correntes ético-filosóficas.

No iluminismo cultural do século XVIII, o mundo conheceria a concepção ética de Kant, o extraordinário criador do que seria a mola mestra do comportamento humano, denominado *imperativo categórico*, a saber: aquela força imanente de dever fazer, que eleva a humanidade às proximidades metafísicas e divinatórias do supremo bem, no comando das ações virtuosas do seu dia a dia.

Como se pode ver, todos os expoentes da ética têm reiterado a lição básica desse pensamento, segundo o qual o bem é o fim maior da atividade dos homens; e também colocam em destaque a constatação de que, nos tempos mais recentes, o papel da ética nas relações homem-homem, homem-governo, governo-homem parece ter caído no esquecimento, a ponto de se haver encolhido o próprio horizonte da ética quanto a uma realização superior, ligada aos valores máximos da verdade – da justiça, do amor, da liberdade e da igualdade, para os limitados fins da busca do sucesso imediato – ainda que ao preço de um tipo de ação incompatível com a natureza espiritual das conquistas ligadas ao eudemonismo.

PONTUALIDADES

É o preço do materialismo crescente da cultura tecnológica dos dias presentes e da bitola estreita do relativismo em todas as soluções a serem dadas aos desafios, que cercaram os homens do século XX, e se estendem aos dos primeiro anos do atual centênio.

E isso vale tanto para o convívio homem a homem quanto no plano macro para as falsas utopias que desde o século XIX movimentam a humanidade no plano das relações estado-sociedade. Isso porque, se o século XIX foi o palco das doutrinas da liberdade, com o objetivo de pôr fim aos colonialismos político-econômicos e assegurar, no plano individual, a aplicação prática da Declaração dos Direitos Humanos – teses ambas ativadas a partir da Revolução Francesa –, no século XX, assistiu-se à hegemonia política das ideologias ligadas não mais à liberdade (muitas delas vitoriosas à custa do sacrifício dos homens livres), mas sim à igualdade reivindicada pela força, na modelagem dos estados autocráticos e desumanos. Estes marcaram as inaceitáveis experiências políticas do fascismo, do nazismo, do comunismo, das muitas roupagens do estadonovismo e, hoje, do moderno populismo.

Por mais que se investigue o passado, jamais se encontrará na História um estado de coisas tão extremado e feroz baseado na prática de crueldades quanto o que prevaleceu no século XX. Isso sem embargo de ter sido um século de inimagináveis avanços científicos e de uma larga inclusão, nos benefícios civilizatórios do progresso econômico, de multidões de trabalhadores e de miseráveis.

Tal paradoxo se deve à marginalização da ética na busca de uma ilusória justiça social de natureza apenas ideológica, e que, por necessidade estratégica, ignorou os grandes valores que fazem da humanidade o maior bem dos seres humanos. Quando o fim aparentemente destinado a fazer justiça se executa sem respeito à ética, tendo por legitimidade não os valores mais caros ao homem, como vida, liberdade e felicidade,

CAMINHOS E DESCAMINHOS DA EDUCAÇÃO BRASILEIRA

e, sim, propostas políticas apoiadas no braço armado e nos holocaustos de massas humanas, é inevitável que isso ocorra.

É também o que acontece quando a falsa utopia busca se realizar ao preço da felicidade do homem, que deveria ser disso tudo o maior beneficiário. Dessarte é possível que os benefícios da ética se possam transformar em malefícios, sempre tendo em conta o duplipensar, essa praga que corrompe o nosso tempo e foi identificada genialmente por George Orwell no livro *1984* [26] (que, hoje, tem muito a ver com o denominado pensamento politicamente correto). Foi o que levou Edgard Morin a declarar na sua excelente obra, intitulada *Para Sair do Século XX* [27]:

> *A política agrava e exaspera todos os problemas de complexidade ética. É nos processos históricos em que os meios se transformam em fins, e os fins em meios. **A intenção de agir pelo bem da humanidade não basta para que a ação praticada contribua para esse desiderato.** Mas acontece o pior quando o amor pela humanidade "em geral" determina um desinteresse crescente pelos homens "em particular" e leva à indiferença gelada pelo próximo, bem como autoriza a manipular outrem, tendo em vista interesses posteriores.*
>
> *O amor pela humanidade torna-se totalmente devorador quando busca a eliminação física de todos os que se lhe apresentam como obstáculo. Como o amor pela humanidade pode se perder e pôr-se a serviço de uma política opressora da humanidade, em nome da própria humanidade vemos, então, que o amor pela humanidade, mais ainda que o ódio, possa levar à mais extrema desumanidade.*

---

26 George Orwell. *1984*. São Paulo: Companhia das Letras, 2009.

27 Edgard Morin. *Para Sair do Século XX*. Rio de Janeiro: Nova Fronteira, 1981.

PONTUALIDADES

13 A INCERTA ESCOLA DO FUTURO

A escola do futuro está sendo gerada no ventre tumultuário dos dias que correm e ninguém poderia autorizadamente antecipar o seu perfil. Há, contudo, indícios de que num ou noutro aspecto, ela, desde já, se entremostra aos observadores mais atentos. Estes até arriscam formular hipóteses sobre algumas das suas possíveis tendências. Assim é, por exemplo, que, sem prejuízo de outros rumos que tomar, ela deverá inclinar-se por modelos mais abertos de organização do que os hoje conhecidos e praticados; o currículo escolar, por sua vez, poderá dar predominância à área de ciências, e os professores terão inteiramente mudado o seu papel na relação entre didática e pedagogia.

Tudo indica que a escola aberta, rica em cursos informais, que se utilizará de preferência dos cassetes, do rádio, da televisão, do cinema, dos terminais de computação, da internet, da correspondência e de outros recursos que a tecnologia for capaz de criar e colocar a serviço da educação, deverá sobrepor-se à escola regular atual, rígida e extremamente regulamentada, com a qual nos habituamos a conviver.

Tais soluções se imporão por força do número crescente de pessoas que demandarão escolaridade e que se somarão às que, na faixa etária própria, terão, ano a ano, de ser atendidas. Entre elas, os adultos de todas as idades, que adotarão como hábito salutar os procedimentos que dizem respeito à educação permanente: reciclagem, atualização, especialização, estudos adicionais, suplência e suprimento, extensão cultural etc.

•.

Pensamos que a escola do futuro só terá condições de abrigar a crescente clientela que lhe virá bater às portas se vier a adotar modelos massificados de qualidade, dos quais atualmente só temos algumas

117

tímidas amostras em nossos sistemas tradicionalistas. E isso para o escarmento de alguns sacralistas do ensino que, se bem proclamem para o uso externo a sua fé na democratização das oportunidades educacionais, no fundo e secretamente detestam o fenômeno da massificação e morrem de saudades dos tempos áureos em que o chamado alto nível de ensino identificava-se com as escolas de poucos alunos e era, na verdade, uma consequência do elitismo socioeconômico. O ensino de massas não é um mal em si. Torna-se um mal – e, por vezes, irreparável – na medida em que, em vez de utilizar-se de uma didática apropriada, faz a aplicação daquela didática ronceira, que já provou ser inepta até mesmo para as escolas de antanho. Adotado com sucesso em alguns países, com destaque especial para a Inglaterra, onde de há muito funciona uma universidade aberta, esse ensino é visto com reservas em partes outras do mundo que, por não serem tão desenvolvidas, dependem da formulação de sua política de ensino, de educadores e administradores, que não escondem o medo que têm dessa "Virginia Woolf", que é a escola aberta a todos da atualidade.

No futuro, será bastante difícil conciliar esse tipo de mentalidade com as pressões sociais que a escola sofrerá em níveis crescentes. Os adeptos da numerologia pedagógica, que raciocinam apenas em termos de qualidade de ensino para minorias, pensando não no bom professor e na didática mais eficiente – que são e sempre serão a terapêutica certa para quaisquer males da educação –, e sim na limitação do número de alunos por classe e por escola, acabarão sendo superados pelos acontecimentos e terão de render-se um dia ao poder da lei dos grandes números. Até porque essa limitação das matrículas levaria ao absurdo de, mais cedo ou mais tarde, ser preciso construir um prédio escolar a cada cem metros ou, num outro extremo, a implantar concursos vestibulares seletivos para cada grau de ensino, a partir da pré-escola.

PONTUALIDADES

A verdade inelutável é uma só: se houver um ideal democrático a ser concretizado através da universalização das oportunidades educacionais, não haverá como impedir venham as multidões a assediar as cidadelas escolares e a impor aos responsáveis pelos serviços de ensino o dever de encontrar as soluções adequadas a cada caso. Será um tempo em que o ensino supletivo poderá resultar no regular e o regular no supletivo, tendo em vista a inevitável integração de ambos no projeto pedagógico das escolas. Aquele, aberto para todos, e este, reservado aos casos especiais de que a pré-escola e o 1º grau são exemplos forçosos, porquanto, nesses níveis, o convívio por longo prazo do educando e do professor no ambiente escolar continuará sendo essencial.

•.

Outra característica que nos parece poder ser evidenciada nos pálidos contornos que a escola do futuro vai adquirindo está ligada ao contexto curricular. A escola tradicional, correspondente à sociedade estratificada e hierarquizada em aristocracia e massa, hipertrofiou os estudos humanísticos das línguas, da história, da filosofia e subvalorizou a ciência e as artes práticas. Arrepiava-a a simples possibilidade de vir a ter qualquer compromisso com os aspectos materiais e aplicados da vida. E nisso foi fiel aos gregos da idade clássica, que dividiam a realidade social em dois planos bem distintos: o do homem livre, que fazia política e filosofava, e o do escravo, que obedecia e trabalhava. A este, pois, cabiam as técnicas e os ofícios.

Quando as mudanças sociais, integradas às econômicas e políticas que abalaram os séculos XIX e XX, deram a grande virada nos países desenvolvidos e despertaram do seu marasmo vegetativo os subdesenvolvidos, essa escola foi proclamada obsoleta e no seu lugar

CAMINHOS E DESCAMINHOS DA EDUCAÇÃO BRASILEIRA

se tentou instalar uma outra, mais comprometida com objetivos ligados ao conhecimento científico e à qualificação para o trabalho. Era o reflexo do industrialismo e da expansão dos setores terciário e quaternário de uma economia urbana exacerbada.

A escola do futuro vai superar essa dicotomia meramente conjuntural, que antepõe as humanidades à educação para o trabalho, e se deverá situar, sem prejuízo da formação geral, numa atuação mais comprometida com a ciência. O ensino de ciências deverá integrar-se aos objetivos e poderá até vir a comandar a organização dos currículos.

Porque se o mundo de hoje está inteiramente jungido ao jogo dos interesses econômicos, o de amanhã talvez venha a pautar seu comportamento pelo avanço científico e tecnológico que será infinito na chamada era do conhecimento.

Arthur C. Clarke, que escreveu as melhores obras sobre o perfil de um futuro impregnado de ciência e de tecnologia, adverte sobre o papel dos computadores na nova civilização, que poderá ser ou não a do *homo sapiens* e sim a da *machina sapiens*. O sucessor do homem em inúmeras atividades poderá ser a máquina inventada por ele e que, planejada para obedecer, tenderá a liberar-se dessas limitações e a agir por conta própria. Quem não se lembra da assustadora parábola contida no livro e no filme famosos, intitulados *2001 – Uma Odisseia no Espaço*, em que o computador joga xadrez com o astronauta e contra ele se rebela para assumir o controle da espaçonave em que viajavam juntos?

Para que não venha a colocar em risco a sua condição humana, e para que não viva o perigo de um dia ter de enfrentar não apenas máquinas que pensam, mas máquinas que podem querer eliminá-lo da face da Terra, o homem terá de familiarizar-se até a intimidade com a ciência do seu tempo, sempre integrando-a aos valores do humanismo. Esse será um dos novos papéis da escola em futuro que já se pode divisar em horizontes bastante próximos.

•.

É claro que uma escola de características tão revolucionárias exigirá forçosamente um novo tipo de professor. Nela, não mais caberá o recitador de conhecimentos acabados, que, como pacotes de consumo imediato que se adquirem em supermercados, oferecem lições e pontos à mal disfarçada inapetência intelectual dos estudantes.

Não sendo um maquinismo de entesourar informações na caixa memorial dos alunos, a escola deverá voltar-se para a tarefa de promover o desenvolvimento permanente do educando no que diz respeito a seu ajustamento ao meio em que vive, à compreensão da realidade que o cerca, à capacidade de convívio com a humanidade próxima ou distante a que pertence.

Tanto quanto uma casa de ensinar, será a escola um lugar onde se aprende. Principalmente onde se aprende a aprender.

Se a escola vai ser aberta e possivelmente a maioria dos seus alunos só passem a procurá-la para submeter-se a avaliações de conhecimentos adquiridos pelos mais variados meios, melhor será que o professor, embora indispensável, passe a atuar como animador,

para criar as situações e armar os dispositivos iniciais capazes de suscitar problemas úteis ao aluno e para organizar, em seguida, contraexemplos que levam à reflexão e obriguem ao controle de soluções demasiado apressadas: o que se deseja é que o professor deixe de ser um conferencista e que estimule a pesquisa e o esforço, ao invés de se contentar com a transmissão de soluções já prontas.[28]

Para que tudo isso ocorra, a formação docente deve, desde já, ser profundamente revista e repensada pelas faculdades de Educação. O questionamento do seu papel numa escola de linhas inovadoras levará a novas concepções sobre o que se deve conhecer em conteúdo e metodologia.

A regra de ouro para uso dessas faculdades está seguramente nesta frase de Georges Gusdorf, no livro dedicado inteiramente à investigação das características do professor exigido pelos tempos correntes e futuros, *Pourquoi des Professeurs*. Diz ele, a certa altura:

> *Havia uma verdade feita, uma verdade dada, ensinada nos livros, nas instituições, no ensino dos professores autorizados. Esses tranquilos sistemas, um dia, desabaram e o homem que gravitava pacificamente em torno das certezas alheias é obrigado a realizar a mais difícil e mais impossível das revoluções copernicianas. Doravante é em torno de si próprio, do seu pensamento, da sua palavra e da sua consciência que se organiza uma verdade nova e decisiva, não só para ele, mas para aqueles que dele dependem. Tornamo-nos mestres no dia em que descobrimos que já não há mestres.*

---

28 Jean Piaget: *Um Novo Olhar Sobre o Desenvolvimento da Criança*. Revista *ReConstruir*, ano 9, nº 82, 15 de maio de 2010. Disponível em: www.educacaomoral.com.br/reconstruir/entrevista_edicao_82_jean_piaget.htm. Acesso em: 15 maio 2011.

PONTUALIDADES

14 CUSTOS

Engana-se quem acha que o Brasil gasta o suficiente do PIB com a educação. Gasta-se pouco e muito mal, razão pela qual se vive o paradoxo da falta de recursos num tipo de gestão em que são eles tão exíguos quanto desperdiçados. Isso por falta de um planejamento que concentre os dispêndios em prioridades.

Em conferência pronunciada na Universidade de Colúmbia, em Nova York, em 2010, o educador Arnold Niskier apresentou os seguintes valores praticados na educação brasileira e na de países mais desenvolvidos:

> *Enquanto os chamados países ricos investem anualmente US$8.857,00 por aluno, nos diversos níveis de ensino, o Brasil destina apenas US$2.000,00, ou seja: menos de 25%. Este é o quadro apresentado pelo relatório "Um Olhar sobre a Educação em 2009", da Organização para Cooperação e Desenvolvimento Econômico (OCDE), que representa as 30 nações mais ricas do mundo, além de um grupo de associados que inclui Brasil, Alemanha, Austrália, Canadá, Coreia do Sul, Espanha, Estados Unidos e França.*
>
> *Vejamos alguns estudos:*
>
> **Ensino Fundamental** *(Brasil: US$1.556,00 – países da OCDE: US$6.437,00)*
>
> **Ensino Médio** *(Brasil: US$1.538,00 – países da OCDE: US$8.006,00)*
>
> **Ensino Superior** *(Brasil: US$10.294,00 – países da OCDE: US$12.336,00)*

A comparação entre os valores investidos mostra que o fosso existente entre os desembolsos realizados pelo Brasil e outros países é representativo, como conclui Arnaldo Niskier.

PARTE III

TEMAS ATUAIS DE EDUCAÇÃO E GESTÃO

●. O maior problema das
universidades de ontem e de
hoje reside na dúvida sobre seus
fins: devem elas afastar-se dos
acontecimentos extramuros
ou cabe-lhes, funcionalmente,
intervir nos rumos do que
acontece fora dos *campi*?

CAPÍTULO 1

UNIVERSIDADES CORPORATIVAS

1 SÍNTESE HISTÓRICA DAS UNIVERSIDADES ACADÊMICAS

As UNIVERSIDADES MAIS ANTIGAS NASCERAM ENTRE OS séculos XI e XII da era cristã: uma em Paris, outra em Bolonha. A historiografia denomina esse período da história de Idade Média, e o situa entre a era clássica greco-romana e a era moderna, que se iniciou com o Renascimento, no século XV. Para alguns historiadores, teria sido a Idade das Trevas, dadas as invasões apocalípticas dos bárbaros e o domínio absoluto da Igreja Católica sobre usos e costumes da reconstrução europeia: governos e senhores feudais, processos econômicos e culturais, pobreza intelectual, por causa das destruições de grande parte do acervo artístico e literário causadas pelas invasões, etc. Nem tudo seria tão negativo nesses séculos de recuperação dos estragos feitos pelas guerras dos hunos, dos francos, dos godos e visigodos, dos normandos e vândalos, eis que do seu ventre nasceriam os países modernos do Velho Continente; as arquiteturas catedralescas e conventuais; as bibliotecas de palimpsestos dos mosteiros; o comércio de tecidos e especiarias com o Oriente, tanto terrestre como marítimo; a patrística do cristianismo; as corporações de ofício; as filosofias, notadamente as de Santo Agostinho, Santo Tomás de Aquino, Abelardo, Duns Scott, São Francisco de Assis, Roger Bacon e Alcuíno; as línguas nacionais e as universidades (depois de Paris e Bolonha, sucederam-se as de Oxford, Cambridge, Salamanca, Coimbra, Nápoles e Toulouse, entre outras).

Se aos conventos religiosos a Europa deve a conservação e o resguardo das bibliotecas e a consolidação do latim como língua geral da cultura, às universidades passou ela a dever a germinação do novo surto intelectual, que envolvia filosofia, letras, teologia, uma incipiente ciência natural, direito, notadamente o canônico, e o copismo monástico das obras ainda não impressas, que se depositavam nas bibliotecas conventuais. Não só a germinação desse saber condensado nas *Studia Generalia*, mas também a sua difusão, porque nelas vinham estudar as elites de várias partes do mundo então conhecido, as quais, de volta a seus pagos, faziam o espalhamento dos seus conhecimentos. Aliás, o termo "universidade" não nasceria do currículo diversificado (universal) que marcaria os fins culturais da instituição, e sim da reunião, num só *campus*, de gente originária de várias partes da Europa, o que fazia dividir-se o alunado em nações, cujo conjunto induzia à formação de uma espécie de universo de interessados no saber. As primeiras universidades nasceram espontaneamente, de uma associação entre alunos e mestres, que se escolheram conventualmente aos *campi*, onde viveram como que em torres de marfim, alheios ao dia a dia do mundo e da humanidade, apenas mergulhados na pesquisa dos pergaminhos e palimpsestos salvos da fúria dos bárbaros. O território de um *campus* tornou-se, desde o início, intocável, e a governança universitária foi exclusiva da corporação do saber ali constituída. A

TEMAS ATUAIS DE EDUCAÇÃO E GESTÃO

universidade não nasceu nesse longínquo passado para influir no dia a dia da sociedade, dos governos, da Igreja ou da política, mas sim para gerar novos saberes pelo estudo dos antigos, dentro de rígidos padrões de excelência, e se destinava a aprimorar intelectualmente religiosos, canonistas, monges e frades, professores, mestres e doutores. No silêncio de seus *campi*, grandes avanços se deram nas letras, nas artes, na filosofia (Abelardo criaria a expressão "Teologia", na universidade de Paris, a mesma onde Tomás de Aquino produziria a *Suma Teológica*). A liberdade de pensar era a atmosfera de trabalho da coletividade acadêmica.

Quando o sucesso das primeiras universidades começou a ser reconhecido, o poder bifrontal da Europa Medieval (a saber, papas e imperadores) inspirou-se para criar novas instituições dessa natureza, mediante encíclicas e decretos, como foi o caso de Nápoles e de Toulouse, já no século XIII. A partir daí e pelo resto dos tempos, a origem da universidade passou a depender menos das corporações do saber e mais do interesse dos governos, embora a reafirmação de sua autonomia institucional fosse sempre confirmada.

•.

O maior problema das universidades de ontem e de hoje reside na dúvida sobre seus fins: devem elas afastar-se dos acontecimentos extramuros ou cabe-lhes, funcionalmente, intervir nos rumos do que acontece fora dos *campi*? Para Kenneth Minogue – talvez o maior historiador moderno das universidades[29] –, de início elas não se organizaram para resolver os problemas do mundo: "A atenção delas está focalizada sobre o reino intelectual e histórico, distanciado das necessidades que

---

29 Kenneth Minogue. *O Conceito de Universidade*. Brasília: Universidade de Brasília, 1977.

CAMINHOS E DESCAMINHOS DA EDUCAÇÃO BRASILEIRA

movimentam os homens nos esforços do dia a dia". Cultivava-se o isolamento do mundo e uma erudição monástica, que nelas se aprofundava.

Assim a universidade viveu durante séculos, até que, na era moderna, e à medida que seus orçamentos passaram a depender diretamente dos recursos públicos, a ideia do funcionalismo da ação universitária foi ganhando corpo e fazendo com que passasse ela a interessar-se pela problemática geral da sociedade – social, econômica, política, diplomática, científica e cultural, profissional – a tal ponto que, atualmente, se exige da instituição um total alinhamento com as políticas nacionais em todo o mundo. Esse participacionismo, que revelava a revolução do conceito inicial de uma organização fechada em si mesma – isso explica a pequena atuação da universidade nas grandes metamorfoses havidas no passado, como a reforma religiosa, os descobrimentos marítimos, o Renascimento, as revoluções políticas liberais dos séculos XVII e XVIII e a Revolução Industrial – para outra, aberta e comprometida com os temas políticos, sociais e científico-tecnológicos da modernidade, ocorrida a partir do século XIX, que marca uma revolução silenciosa e que virou do avesso os fins da universidade como instituição cultural.

Nossos atuais modelos universitários nasceram de reformas radicais, como as feitas por Humboldt, na Alemanha, pelo Cardeal Newman, na Inglaterra, por Whitehead, nos EUA, por Napoleão, na França, por Pombal, em Portugal, entre outras. Como consequência dessas mudanças radicais, o século XX registrou algumas tendências inovadoras que repercutiram profundamente sobre a estrutura e o funcionamento dos modelos universitários, sendo de destacar-se: a expansão massificadora do alunado, a multiplicação dos cursos profissionalizantes, a integração da universidade com o sistema econômico vigente, a fantástica multiplicação da produção dos novos saberes, o que veio a gerar a atual era do conhecimento, na qual se vive hoje.

130

TEMAS ATUAIS DE EDUCAÇÃO E GESTÃO

2 PERPLEXIDADES QUE CERCAM A UNIVERSIDADE CONTEMPORÂNEA

Em 1968, na Conferência Geral da Associação Internacional das Universidades, designou-se o professor Henri Janne, reitor da Universidade de Bruxelas e reconhecido mundialmente como um dos maiores conhecedores da problemática dessas escolas na atualidade, para redigir um relatório técnico, sob o tema: *A Universidade e as Necessidades da Sociedade Contemporânea*[30].

O relatório, após abordar histórica, institucional e culturalmente, a natureza das universidades, focaliza as tensões que hoje as cercam em todo o mundo, colocando-as como objeto de discussão levada a cabo na cidade de Montreal, no Canadá, em 1970. Essas tensões dizem respeito às funções da universidade contemporânea e se repetem em todos os países, constituindo-se num traço predominante no dia a dia dessas instituições. Existem tensões – e são elas extremamente contraditórias – nos seguintes casos: entre ensino, pesquisa e atividades diretamente úteis à sociedade; entre fins quantitativos e qualitativos; entre massa e elite; entre formação geral e especialidade; entre cultura literária e científica; entre pedagogia tradicional e moderna; entre pesquisa fundamental e pesquisa aplicada; entre atividades de ensino e pesquisa e aquelas que são simplesmente lucrativas ou que respondem às necessidades imediatas da sociedade; entre democracia e eficácia administrativa etc.

Constantine Zurayk, que por longo tempo presidiu a AIU, ao comentar essas tensões, afirmou:

---

30 Transformando em livro, editado em 1981 por Edições UFC, da Universidade Federal do Ceará.

CAMINHOS E DESCAMINHOS DA EDUCAÇÃO BRASILEIRA

As tensões aparecem como o traço dominante da situação universitária atual, mas elas não podem elidir o fato de que a função própria das universidades continuará sendo o progresso do conhecimento e do bem-estar humano, pelo exercício da razão, pela pesquisa livre e pelo diálogo.

Segue-se a transcrição das conclusões do Relatório Janne sobre o tema das tensões:

As Universidades de nosso tempo estão mais ou menos submetidas, segundo suas próprias condições, a tensões contraditórias. Esta é a generalidade mais ampla que resulta em nossa análise...

*A Universidade tende a se integrar dentro do sistema educativo geral mas, ao mesmo tempo, procura um **desenvolvimento autônomo**.*

Em termos institucionais, a tensão joga-se entre o "controle público" e a "autonomia". Em termos pedagógicos, entre a "liberdade acadêmica" e o "ensino socialmente integrado". Em termos econômicos, entre a "demanda social" (democratização dos estudos) e a "demanda econômica" (certa estrutura socioprofissional).

*A Universidade tende a acolher **toda a classe** de idade interessada, mas dedica-se também à formação de uma "elite". Em termos docimológicos, esta tensão se joga entre "orientação e aconselhamento" e "seleção".*

Para a administração, os dois polos são a "liberdade de acesso" ou o "numerus clausus". Isto é a oposição da "quantidade" e da "qualidade".

Para a gestão interna, os dois polos são "democracia" e "tecnocracia".

Com vista à formação profissional, a tensão exerce-se entre "especificação" e "polivalência".

Duas funções lutam, aí, pela preponderância: o ensino e a pesquisa científica.

TEMAS ATUAIS DE EDUCAÇÃO E GESTÃO

Duas finalidades opõem-se e completam-se ao mesmo tempo: o humanismo universal e o desenvolvimento econômico, a cultura geral desinteressada e a formação pragmática em função de uma profissão.

Dois valores determinam uma ação ambivalente: as mais elevadas das tradições e as mais futuristas visões do progresso.

*Enfim, a Universidade é concebida como, simultaneamente, posta a serviço **da sociedade**, assim como de sua cultura, e como exercendo uma "função crítica".*

Ora, todas estas polarizações podem e devem ocasionar sínteses que superam as contradições e transpõem a ambiguidade da instituição.

3 AS UNIVERSIDADES CORPORATIVAS: SUA ORIGEM E SUA NATUREZA

Com as mudanças da modernidade, os modelos institucionais do passado estão a exigir adaptações ou, quando não, mostram-se profundamente inadequados para a satisfação das novas exigências da sociedade contemporânea. Essa é uma constatação que serve para a economia, a política, a cultura em geral e a educação, em particular. Daí nasce a crise que envolve, hoje, praticamente todos os setores da sociedade. E, por falar em educação, notadamente a brasileira, a crise que a assaltou, de tempos a esta parte, tanto nos seus aspectos quantitativos como, principalmente, nos qualitativos, parece agravar-se com o passar do tempo. Entretanto, há um contingente, como nunca dantes se teve notícia, de mestres e doutores a atuarem na rede escolar. Existe previsão substancial de verbas nos orçamentos públicos para financiar o ensino e multiplicam-se os diagnósticos sobre as possíveis causas do fracasso do sistema, no que tange às políticas de inclusão das minorias sociais bem como à alavancagem do desenvolvimento nacional. Os educadores estão perplexos e a sociedade se sente ameaçada ante o

CAMINHOS E DESCAMINHOS DA EDUCAÇÃO BRASILEIRA

péssimo desempenho escolar da infância e da juventude brasileira nos últimos anos.

Nesse panorama deplorável, surgiram recentemente, como uma novidade auspiciosa, as Universidades Corporativas – não para substituir o sistema formal e acadêmico do ensino superior, nem tampouco para servir de alternativa ao seu desempenho, e sim para dar continuidade à sua tarefa, no que concerne à qualificação e à atualização profissional estrita.

Enquanto que à universidade acadêmica cabe proceder à avaliação crítica do conhecimento humano e agir no sentido de acrescentar-lhe novos saberes, a corporativa, na linha da educação permanente, afunila o leque, buscando, de um lado, prospectar as mutáveis tendências do mercado de trabalho, tanto no setor produtivo quanto no de prestação de serviços, e, de outro, qualificar, mediante programas de atualização, os profissionais que nele atuam.

Ambas as universidades se completam na sua estrutura e em seu funcionamento: a acadêmica, instrumentando os alunos para a convivência científica com o saber, e a corporativa, posicionando os trabalhadores de determinado setor laboral nas novidades e modernidades tanto do saber quanto do fazer. São, pois, organismos que se devem integrar, apenas que diferenciados quanto aos fins, aos métodos e à estrutura administrativa. Porque, enquanto a universidade acadêmica pertence ao sistema formal de ensino e está sujeita ao controle externo da burocracia de ministérios, secretarias e conselhos de educação, a corporativa é inteiramente livre e a única a realmente exercitar as autonomias de que fala a Constituição Federal.

Cabe-lhe, à corporativa, mediante um permanente esforço de pesquisa, detectar as reais necessidades do mercado, bem como

TEMAS ATUAIS DE EDUCAÇÃO E GESTÃO

suas mudanças conjunturais, e, com elas, estruturar currículos sujeitos a repetidos ajustes de flexíveis alterações, o que nem por um excesso de imaginação se poderia pensar em praticar amplamente nos modelos acadêmicos *stricto sensu*.

•.

Quanto ao ingresso dos alunos, não há necessidade de vestibulares nem da posse de diplomas referentes a ciclos anteriores de escolaridade: valeria para eles todos a capacidade de satisfazerem as exigências dos currículos e dos processos didáticos por ela adotados. Também a avaliação de conhecimentos obedece a regras adequadas a cada situação, sem as normas fixas, unitárias e específicas dos textos que regulamentam o ensino formal.

O recrutamento de professores não se restringe, outrossim, à posse obrigatória, por parte deles, de títulos formais de mestrado e doutorado. Preferível será que disponham de notório saber em suas especialidades, com um *curriculum vitae* de sucesso em seu desempenho laboral. Porque, nesse caso, o verdadeiro saber é aquele que soma a visão científica do conhecimento com a capacidade pragmática do saber fazer. Um *case* de um empresário exitoso pode valer mais do que uma lição teórica de um pensador famoso obtida em livros e maturada em sala de aula. Assim é que a estrutura e o funcionamento de um curso, bem como sua linguagem didática, podem fazer-se na universidade corporativa, seja presencialmente, seja pela *web* ou, ainda, por uma combinação entre os dois procedimentos.

Por se tratar de corpos discentes, que geralmente trabalham o tempo todo, sem haver chance de reuniões seguidas em sala de aula, a linguagem da educação a distância (correspondência, vídeo e áudio, internet ou o que mais seja) tem merecido a preferência

CAMINHOS E DESCAMINHOS DA EDUCAÇÃO BRASILEIRA

nesta inovadora organização de uma universidade voltada para a atualização profissional.

E o que dizer do funcionamento? Normalmente, caberá à empresa ou à associação civil a que esteja a universidade corporativa vinculada prover os meios, inclusive os financeiros, para seu funcionamento. Pelo menos no seu início. Dos alunos, poderão, ou não, ser cobrados os custos dos cursos, tudo dependendo da natureza destes, do poder aquisitivo dos cursistas e dos objetivos a que visa a organização mantenedora.

Como se vê, a principal característica dessas universidades é não haver nem modelos nem regras fixas para sua estrutura, nem para seu funcionamento. Cada uma delas terá fisionomia própria e ritmo de atuação definidos pela natureza do segmento profissional que lhes sirva de nicho e pela cultura da empresa, cabendo ao estatuto de cada uma definir as regras que comandarão o seu dia a dia. Outrossim, seus cursos, ao serem concluídos, não resultarão na expedição de diplomas (estes são documentos de validade jurídica formal e universal) e sim na de certificados (que respondem, em cada caso, pela capacitação específica de seus portadores). Até porque, embora possa ser aberta a públicos diversos, a sua prioridade de matrículas estará sempre no corpo social da empresa a que se vincula.

As universidades corporativas vieram substituir os antigos programas de treinamento, coordenados pelo setor de RH das empresas. Eram programas dispersos, sem ligação orgânica entre si e com a cultura da empresa, caros e de difícil avaliação nos seus possíveis benefícios. Os professores contratados para ministrar esses cursos vendiam, via de regra, pacotes fechados, com aulas que refletiam mais as opiniões pessoais dos autores do que a satisfação da real necessidade dos trabalhadores e das empresas a que se vinculavam. Daí que as universidades corporativas vieram para também corrigir esse tipo de distorção.

TEMAS ATUAIS DE EDUCAÇÃO E GESTÃO

Os trabalhos de Jeanne Meister[31] afirmam, com razão, que as empresas mais bem-sucedidas trouxeram a escola para dentro de seus muros, passando, assim, de forma muito pragmática, a entender que "o diferencial decisivo de competitividade reside no nível de capacitação em todos os níveis de seus funcionários, fornecedores, clientes e até mesmo membros da comunidade onde atuam".

Por sua vez, Peter Drucker, um dos gurus da sociedade pós--capitalista ou do conhecimento, como também é conhecido, deixa claro que o ensino contemporâneo não mais pode ser um monopólio da escola formal. Diz ele, em sua obra *Sociedade Pós-Capitalista*[32]:

> *Na sociedade pós-capitalista, a educação precisa permear toda a sociedade. As organizações de todos os tipos – empresas, agências governamentais, instituições sem fins lucrativos – também precisam se transformar em instituições de aprendizado e de ensino. As escolas devem, cada vez mais, trabalhar em parceria com os empregadores e suas organizações.*

À luz dessas observações é que Elza Maria Quartiero e Lucídio Bianchetti escreveram a interessante obra, intitulada *Educação Corporativa*[33], na qual se descrevem as peculiaridades desse tipo de universidade e as pontes que poderão permitir uma maior integração entre o corporativo e o acadêmico. Nela se diz que a criação das universidades corporativas é uma resposta à tradicional falta de articulação entre as necessidades de formação (diria eu, instrumentação, eis que a universidade corporativa não forma: só atualiza e desenvolve) e aquela educação oferecida pela universidade acadêmica.

---

31 Jeanne Meister. *Educação Corporativa*. São Paulo: Makron Books, 1999.

32 Peter Druker. *Sociedade Pós-Capitalista*. São Paulo: Pioneira, 1993.

33 Elza Maria Quartiero e Lucídio Bianchetti. *Educação Corporativa*. São Paulo: Cortez, 2005.

Afirmam eles:

As empresas, ao criarem universidades corporativas, estão preocupadas em desenvolver pesquisas e ações para obter respostas para suas atividades fins, ou seja, estão procurando treinamento e desenvolvimento para seus profissionais nos assuntos de seu interesse operacional e estratégico. (...)

O conceito de universidade corporativa é considerado por seus adeptos como inteiramente compatível com as características e atributos de uma empresa visionário-triunfadora deste início de século XXI. (...)

A existência da universidade corporativa como parte da empresa aumenta significativamente os fatores de motivação entre seus empregados, pois lhes são repassados, por meio desse espaço de formação, as crenças e valores que constituem a cultura da organização.

Voltando a Jeanne Meister:

A universidade corporativa é um guarda-chuva estratégico para o desenvolvimento e a educação de funcionários, clientes e fornecedores, buscando otimizar as estratégias organizacionais, além de um laboratório de aprendizagem para a organização e um polo de educação permanente.

Em síntese: trata-se de uma universidade livre, ligada à educação continuada, cujo mantenedor é uma empresa, com o fim de oferecer cursos e atividades educativas a seu corpo social, para treiná-lo, atualizá--lo e reciclá-lo profissionalmente, não só tendo em vista sua atualização e instrumentação face às mudanças tecnológicas e científicas, mas também o fortalecimento da cultura da corporação.

TEMAS ATUAIS DE EDUCAÇÃO E GESTÃO

4 UNIVERSIDADES: QUATRO CONTRASTES RELEVANTES

A universidade acadêmica oferece:

a   Educação formal, cursos formativos e terminais, coexistência de saberes diversos, ênfase em ensino, pesquisa e extensão. Matrículas abertas mediante provas vestibulares.

b   Professores pós-graduados (mestres e doutores). Prioridade do saber teórico sobre o prático. Exigência de produção científica dos docentes.

c   Administração ligada a sistemas legais de educação. Supervisão por órgãos governamentais: MEC, Secretarias de Estado e Conselhos de Educação. Diplomas de conclusão de cursos (seja de graduação, seja de pós).

d   Didáticas presenciais. Uso eventual da educação a distância. Dificuldades financeiras e legais para atualizar equipamentos, adotar procedimentos de ponta e renovar o professorado.

A universidade corporativa oferece:

a   Educação permanente, cursos continuados, concentração dos saberes ligados a uma área profissional. Matrículas preferenciais para funcionários e fornecedores da empresa mantenedora.

b   Professores de notório saber no campo teórico e prático de funcionamento da empresa. A *expertise* vale mais que a titulação acadêmica. Intensa mobilidade de corpo docente. Saber prático prioritário em relação ao teórico.

c   Administração definida pela empresa mantenedora, sem interferência burocrática de órgãos públicos. Certificados de conclusão e participação nos cursos. Necessidades e mudanças ditadas pelo mercado.

d   Papel preponderante da EAD. Didáticas alternativas. Mudanças dinâmicas e atualizadas dos conteúdos dos cursos.

CAPÍTULO 2

A FALÊNCIA FAMILIAR NA ARTE DE EDUCAR

Nunca como hoje, no Brasil, se falou tanto em educação e na sua incapacidade de superar déficits e fracassos. Desde que se deu a massificação das matrículas escolares e as multidões heterogêneas invadiram as salas de aula dos cursos de todos os níveis, graus e modalidades de ensino, a incapacidade de gerar bons resultados na política educacional praticada entre nós ficou evidente. Ainda há milhões de pessoas analfabetas puras com mais de 15 anos de idade, e o ensino básico, que deveria ser de ótima qualidade, dada a sua obrigatoriedade universal no ciclo fundamental e o fato de que geralmente é o único nível de escolaridade ao alcance das massas, aí está a ocupar classificações melancólicas nas tabelas nacionais e internacionais de avaliação do aproveitamento na aprendizagem.

São grandes contingentes que saem todos os anos das escolas, sem saber ler e compreender o que leem, escrever frases com clareza e logicidade ou fazer operações aritméticas além da soma, da multiplicação, da subtração e da divisão, de algarismos simples, que vão apenas até as dezenas (quando chegam as centenas, instala--se o caos!). É o denominado grupo dos analfabetos funcionais, que passam pela sala de aula sem quase nada aprender.

Não é por acaso que o ensino superior, herdeiro dessa tragédia toda, não mais consiga cumprir o seu papel de criador e incentivador dos novos saberes, para acomodar-se num subnível intelectual que já não pode mais ser considerado tão superior, pois se conformou em ser apenas um ensino de 3º grau (ou pós-colegial), como atrás foi dito.

Os especialistas pesquisam incansavelmente as causas dessas insuficiências e acabam por culpar ora os professores, ora o desequipamento escolar, ora os currículos sobrecarregados ou, ainda, as verbas insuficientes destinadas pelos orçamentos públicos ao setor. De fato, cada uma dessas facetas guarda uma culpa ampla e profunda para com os maus resultados estatísticos do desempenho do sistema. Porém, há uma razão oculta, da qual ninguém fala, e que estende suas raízes no subsolo delas todas. Há que debitar-lhe grande dose de responsabilidade pelo que vem ocorrendo: trata-se da falência das famílias no exercício de sua responsabilidade educativa em relação aos filhos. Como todos sabem, o bicho-homem, quando nasce, é um ser biológico, como todos os outros que vêm à vida. Só que com uma diferença: enquanto os bichos trazem ao nascer defesas naturais e instintivas, que os ajudam a alimentar-se e a superar riscos, o homem só sobreviverá se for amparado por forças outras que não as suas próprias.

O cenário ideal para isso é a família. A família existe mais do que apenas para facilitar a geração dos filhos, senão que principalmente para ampará-los, alimentá-los, defendê-los e educá-los, a partir do momento de sua chegada ao mundo. A natureza social e cultural

TEMAS ATUAIS DE EDUCAÇÃO E GESTÃO

do ser humano impõe aos familiares essas ações aculturativas iniciais em relação às novas gerações. Trata-se de uma ação informal que educa não só pelo exemplo mas, principalmente, pelos primeiros esclarecimentos exigidos pela curiosidade dos educandos, feitos de lições rudimentares sobre usos e costumes, comunicação oral, valores básicos de convívio social e de conduta ética, princípios religiosos etc.

Antigamente, no campo e na cidade, isso funcionava a contento, não importando se a família era rica ou pobre, já que a pobreza jamais precisou ser sinônimo de ignorância, sujeira ou grosseria.

Com esta enlouquecida urbanização dos tempos atuais, em que massas humanas não têm onde morar, vivendo dos subempregos, da informalidade econômica e, não raro, cobrindo-se de andrajos e passando fome, a organização e a funcionalidade familiar entraram em crise. Criou-se não apenas uma faixa de lumpens sem futuro, como ainda se assistiu ao surgimento de novas gerações criadas nas ruas, que hoje engrossam o tráfico de drogas e ampliam a cultura da criminalidade por todas as esferas sociais. Os pais, não raro desconhecidos ou desunidos, não mais conseguem impor sua autoridade familiar, tampouco transmitir aos jovens aquela educação primeira, que seria do seu dever.

A consequência aí está: ao chegarem à escola crus e ignorantes, até mesmo das regras básicas da civilidade, passam pela sala de aula agredindo professores, espancando, até matando colegas, sem apresentar um traço mínimo de maturidade para o convívio social e a aprendizagem formal.

Considerando que essa população não é pequena no espectro estrutural da sociedade brasileira, faço-me diariamente uma pergunta incômoda, para a qual não tenho resposta (você, caro leitor, terá?): Como sair da crise educacional em que estamos atolados sem a reintegração das famílias (não só das lumpens, mas também das classes

CAMINHOS E DESCAMINHOS DA EDUCAÇÃO BRASILEIRA

mais altas e até escolarizadas), no seu dever de orientar as crianças e os jovens no recesso do lar? Que políticas sociais de governo deveriam conter não só reformas da educação, mas também medidas no sentido de apoiar e assistir minimamente as famílias, principalmente as mais marginalizadas cultural e economicamente, no que diz respeito a suas responsabilidades educativas para com os filhos?

Olhar a formação dos filhos e criar condições para ajudar os pais poderia ser um bom começo para a superação da crise da educação no Brasil.

CAPÍTULO 3
ESTÁGIOS CURRICULARES

1 O QUE OCORRE

No Brasil, há certeza manifesta de que, quando o governo se dispõe a regulamentar matérias que vinham funcionando a contento, geralmente as coisas se complicam e, em vez de melhoria, o que se tem é a deterioração do instituto objeto da regulamentação. Em função da ilusão dos brasileiros, segundo a qual é a lei, e não o concerto de interesses, que determina o bom e o mau funcionamento das relações jurídicas na sociedade, os governos, movidos por razões políticas, se veem no direito de interferir em tudo, a título de proteger os mais fracos; e o que acaba por fazer é desproteger ainda mais os desprotegidos, ou porque a lei não "pega", ou porque as partes prejudicadas sempre acham um jeito de descumpri-las.

Essa presença excessiva das normas e regras é a responsável pelo apelido que se deu ao Brasil: "país dos bacharéis" – não porque forme muitos advogados, mas principalmente por essa cultura surrealista,

CAMINHOS E DESCAMINHOS DA EDUCAÇÃO BRASILEIRA

segundo a qual a solução dos problemas estaria mais nas leis do que numa ação prática adequada à superação dos obstáculos!

•.

Com os estágios curriculares aconteceu exatamente isso: havia uma lei, a de nº 6.494/77, que preenchia as principais expectativas em torno desse instituto, seu conceito e seu uso pelos estabelecimentos de ensino médio, técnico e superior, bem como pelas empresas. Para administrar estágios, surgiram e prosperaram os agentes de integração, dos quais o maior e mais bem estruturado é o CIEE: Centro de Integração Empresa-Escola. Com o governo que assumiu o poder em 2003 e seu viés sindicalista, começaram alguns órgãos públicos a implicar com os estágios e com o CIEE, a ponto de se constituírem comissões interministeriais para reformar a legislação então vigente. As propostas foram todas equivocadas a ponto de buscarem "celetizar" o estágio (que é matéria essencialmente educativa), assimilando-o a um emprego, que é matéria essencialmente laboral.

Seria como misturar azeite com água, sendo para isso necessário deformar inteiramente o conceito de estágio. O CIEE de São Paulo teve de ir a campo, a fim de enfrentar a guerra que então se travou pelos jornais, pela TV, no Congresso Nacional e nas mais variadas entidades, com o objetivo de salvar os estágios e defender a entidade dos injustificáveis ataques que passaram ambos a sofrer. No Senado houve numerosas audiências públicas, com o fito de se discutirem as colocações do Projeto de Lei nº 44/07 que o governo encaminhara ao Congresso, descaracterizando o estágio como instituto educativo e empurrando-o para o terreno trabalhista, como se fosse ele um concorrente do emprego formal, que cumpriria eliminar do mapa. (A seguir, neste mesmo capítulo, transcreve-se o pronunciamento que

TEMAS ATUAIS DE EDUCAÇÃO E GESTÃO

fizermos na Comissão de Educação do Senado, na tentativa de esclarecer os parlamentares sobre o absurdo que se cometeria com a aprovação sem emendas do Projeto de Lei nº 44/07.)

Ao mesmo tempo, na cidade de Presidente Prudente, um procurador do Ministério Público do Trabalho entrava na justiça com denúncias sobre o eventual mau uso dos estágios por alguns empresários supermercadistas, e propunha, sem mais nem menos, a extinção em âmbito nacional do CIEE.

Num grande seminário reunido em Brasília por essa ocasião, pronunciamentos nossos e do jurista Amauri Mascaro Nascimento fizeram-se ouvir em confronto com membros das comissões interministeriais e de representantes do Ministério Público do Trabalho, em duas conferências, que se encontram reunidas e publicadas pelo CIEE, num libreto intitulado *O estágio dos Estudantes do Ensino Médio nas Empresas*[34], e que teve várias edições sucessivas, dado o grande interesse que despertou.

Fato é que, após uma luta sem tréguas, a ação do procurador de Presidente Prudente foi arquivada por improcedente pelo Superior Tribunal do Trabalho, e o Projeto de Lei nº 44/07 acabou sendo inteiramente reformulado, dando origem a um projeto novo, que o substituiu no âmbito do Senado.

Apesar de escoimado de muitos dos exageros do projeto original, essa nova proposta, em razão dos costumeiros acordos entre parlamentares para a aprovação de qualquer matéria, acabou se convertendo na Lei nº 11.788, de 25 de setembro de 2008, que se encontra em vigor. Dela se falará na parte final deste capítulo.

---

34 *O Estágio dos Estudantes do Ensino Médio nas Empresas.* São Paulo: CIEE, 2001.

2 AUDIÊNCIA PÚBLICA NO SENADO FEDERAL
(PRONUNCIAMENTO DO PROF. DR. PAULO NATHANAEL COMO PRESIDENTE DO CIEE).

"Senhores Senadores:

Bom dia a todos e nossos agradecimentos à mesa diretiva desta Comissão de Educação pela gentileza do convite que nos foi encaminhado para participar da audiência pública sobre o PAC da Educação. Dada a nossa condição de Presidente do CIEE de São Paulo e Nacional, vou ater-me ao texto do Projeto de Lei da Câmara nº 44, de 2007, e que se encontra em tramitação nesta Casa, dispondo sobre dois assuntos: o estágio de estudantes de instituições de educação superior, profissional e médio, e alterações de redação de vários de seus artigos, com vistas a aproximá-los da CLT.

O aludido projeto, já aprovado por unanimidade na Câmara dos Deputados, tem o intuito de oferecer novo ordenamento para estágios de estudantes de ensino superior, profissional e médio, em lugar das Leis nº 6.494/77 e 8.859/94, ainda vigentes, e de dar outras providências tidas como inadiáveis. Tudo em regime de urgência, nos termos do Art. 64, § 1º da Constituição Federal. Considerando-se a extrema complexidade da matéria e a impossibilidade de discuti-la no curto prazo, melhor teria sido uma tramitação comum, sem o caráter de urgência, até porque os estágios já dispõem de normatização legal para sua prática. Como, no entanto, a urgência está mantida, aqui comparecemos para falar em nome do maior agente de integração do país, o Centro de Integração Empresa-Escola – CIEE, e com base no conhecimento que temos das questões educacionais, pelo meio século em que vimos atuando nesse setor. Resumiremos esta fala em duas partes: primeiro, uma apreciação genérica do teor do projeto, e depois, a defesa, ainda que sucinta, de alguns pontos que, se levados em conta por Vossas Excelências, poderão, salvo melhor juízo, tornar mais operacionáveis as medidas previstas no seu articulado.

De um modo geral, o projeto traduz as intenções dos seus elaboradores e permite que, embora restritivamente, continuem os estágios a cumprir seu objetivo primordial de servir de ponte entre a formação teórica dos jovens no processo de sua escolarização e a iniciação ao trabalho, como pré-requisito facilitador da integração desses mesmos jovens ao mercado. Essa conceituação faz do estágio um ato essencialmente pedagógico e formativo, tirando-lhe qualquer compromisso com o emprego formal e produtivo, que se identifica mais com a especialização laboral e integra o universo legal da CLT. Ocorre, no entanto, que a formulação do *modus operandi* dos estágios, seja pela escola, que fornece o estagiário, seja pelas organizações empresariais ou não, que ofertem oportunidades de iniciação laboral aos estudantes, ainda quando se busque blindá-los contra possíveis distorções na prática desse instituto, parece ter por objetivo, ao que tudo indica, menos a estimulação de novas oportunidades de estágio e mais a sua obstaculação. Daí existir, se aprovado o projeto como está, o risco de ocorrerem duas impropriedades bastante preocupantes: a primeira nasce da mistura entre regras celetistas da legislação trabalhista em vigor, o que se observa nos Arts. 1º, 10, 12, 13 e 17 do projeto, e as regras educacionais do estágio como ato educativo propriamente dito, que é; e a segunda se expressa pela nítida intenção, observada em alguns órgãos públicos, de dificultar a operacionalidade do estágio, notadamente o de ensino médio, inclusive por discriminá-lo em relação aos demais estágios (ensino profissional e superior), como se vê nos Arts. 15 e 19.

Daí as sugestões de emendas que constam desta proposta do CIEE, que, ao final destes comentários, se encaminhará à consideração dos ilustres membros da Comissão de Educação.

CAMINHOS E DESCAMINHOS DA EDUCAÇÃO BRASILEIRA

Para encerrar este pronunciamento, indicam-se a seguir, algumas preocupações mais relevantes, tanto do CIEE, como nossas:

No Art. 1º: Haveria que eliminar a expressão *Preparação Metódica*, eis que não pertence ela ao universo pedagógico e sim ao do adestramento laboral de aprendizes, mais própria dos programas da formação profissional, endereçada aos trabalhadores a serem qualificados.

No Art. 10: Não há como, na prática, assegurar-se proporcionalidade de recesso para estágios com duração inferior a um ano. Mesmo porque o recesso, assimilado ao instituto das férias, não teria aplicabilidade, por inconsistência, a quem faz estágios de poucos meses apenas. Por falta de medida adequada, para assegurá-los, acabariam esses recessos por converter-se em compensação financeira, o que deformaria o instituto do estágio como ato educativo.

No Art. 12: A dinâmica dos estágios, dada a sua sazonalidade anual, dificulta a prestação das informações exigidas no § 3º, o que, além de impedir a averiguação dos dados, que, em rigor, teria natureza de uma obrigação incumprível, resultando no aumento da burocratização do processo, ainda teria endereço impróprio, eis que o órgão controlador das informações teria que ser, dada a natureza educativa do estágio, o MEC, e não o MTE, como lá se encontra.

No Art. 13: A matéria versada pelos parágrafos já está disciplinada na legislação trabalhista e, salvo melhor juízo, descabe sua presença na legislação educacional. Já há dispositivos na CLT que previnem e punem as situações a serem evitadas, razão pela qual se preconiza apenas um "caput" com a redação sugerida pela emenda, sem descer a detalhes, que aparecem como corpo estranho ao projeto, se bem venham a satisfazer a sonho dos inimigos do estágio.

TEMAS ATUAIS DE EDUCAÇÃO E GESTÃO

No Art. 17: A impropriedade está no fato de emendar-se dispositivo da CLT, em texto de lei de estágio, até porque estágio nada tem a ver com aprendizagem, que é instituto ligado a emprego e não à educação. Haveria que pura e simplesmente eliminar esse artigo, em razão de sua impertinência relativamente à natureza do projeto. A emenda pretendida poderia constar de outro projeto destinado apenas à aprendizagem.

Quanto ao ensino médio, não cabe, data vênia, dar-lhe tratamento discriminatório, como ora se faz. Afinal, sua legalidade está assegurada, tanto pela LDB, nos Arts. 35 e 82 (o primeiro deles indica a natureza desse ensino, que busca formar, primordialmente, o cidadão e, complementarmente, o trabalhador, enquanto que o segundo reconhece as competências concorrentes entre União e Estados para legislar sobre educação, sendo que aos últimos compete, com exclusividade, legislar sobre ensino médio, inclusive no que diz respeito a estágios).

Uma norma adjetiva do Conselho Nacional de Educação expressa em resolução (no caso, a Resolução nº 01/04) não se pode sobrepor às competências legais estabelecidas pela Constituição e pela LDB. Os estágios de ensino médio são legítimos e visam não a vincular práticas de trabalho a disciplinas curriculares, como poderia ocorrer nos ensinos superior e técnico, e, aí sim, possibilitar ao aluno estagiário aprimorar aspectos comportamentais (trabalho em grupo, disciplina coletiva, exercício de liderança etc.), que lhe serão de extrema utilidade quando chegar ao exercício de uma futura profissão. À vista disso, ou o Art. 15 do projeto estende isonomicamente a todo tipo de estágio a proporcionalidade de cotas em relação a empregados da empresa, ou deve ser supressa a discriminação ao ensino médio. Ademais, pelo fato de serem os estudantes de ensino médio, em sua maioria, oriundos de meios sociais carentes, dificultar o seu acesso a estágios e impedir, com isso, a ampliação de oportunidade para receber bolsas-auxílio, parece contrariar não só a política de inclusão social do atual governo, como também o que consta do Art. 203, inciso II e III da Constituição Federal.

Quanto às revogações de que trata o Art. 19 do projeto, melhor estariam se se limitassem às Leis nº 6.494/77 e nº 8.854/94, deixando em paz a LDB, num sapiente respeito à concomitância legislativa entre União e Estados, o que fortalece a Federação."

(Brasília, 9/8/2007)

3 ANÁLISE CRÍTICA

Não nos deteremos na análise de artigo por artigo da nova lei do estágio, dada a inutilidade desse procedimento. Melhor será identificar o que se pode mudar quanto antes, para tornar essa lei mais digerível e útil aos jovens brasileiros que fazem estágio. São seis, a nosso ver, os problemas merecedores de destaque, a saber:

1 Tirar de estágio as celetizações constantes da nova lei, e encontráveis entre outros nos Arts. 9º (III, IV), 10 (I, II, § 2º), 13 (§§ 2º, 3º) e 15 (§§ 1º, 2º).

2 Afrouxar as sobrecargas burocráticas carreadas pela lei para as escolas médias, técnicas e superiores.

3 Diminuir os encargos financeiros que vieram sobrecarregar empresas e organizações concedentes de estágios.

TEMAS ATUAIS DE EDUCAÇÃO E GESTÃO

4   Revogar as cotas de estagiários de ensino médio relativamente aos empregos celetistas das empresas.

5   Fortalecer os agentes de integração.

6   Eliminar a vinculação do estágio com matérias curriculares ligadas à iniciação profissional dos alunos estagiários.

Tudo isso faz parte do articulado da Lei nº 11.788/08 e reflete de forma inequívoca a má vontade dos seus autores para com o estágio, especialmente o de ensino médio, e para com o CIEE, que se tornou, no Brasil, o maior agente de integração. O principal argumento usado contra os estágios, pela opinião convergente de muitos sindicalistas, fiscais do trabalho e procuradores do Ministério Público do Trabalho, consiste na falsa razão, segundo a qual o estágio tiraria postos de trabalho dos desempregados.

Ora, como ato educativo que é o estágio, e tendo em conta que um estudante que estagia nada sabe sobre processos técnicos de produção, bem como sobre procedimentos especializados do setor de serviços, jamais poderia ele ocupar posto de trabalho de um adulto contratado, segundo as regras da CLT.

Um estudante vai para o estágio para aprender, na prática, alguns procedimentos mediante o convívio com pessoas numa empresa e jamais teria condições objetivas para roubar o lugar de um trabalhador com prática operacional junto a máquinas e/ou escritórios. Por isso, exigir na lei que o estagiário equivalha a um trabalhador comum e, com isso, sobrecarregue o empresário que oferece estágio com novas despesas financeiras e sobrecargas de direitos dos alunos que estagiam (férias, seguros e tudo o mais que consta da nova lei) é uma pressão imprópria para que esse empresário só venha a contratar funcionários com carteira assinada.

O segundo argumento, que se refere, principalmente, aos estágios de ensino médio, tem por falso fundamento a alegação de que esse grau de ensino é genérico nos saberes curriculares, e nenhuma das disciplinas diz respeito a uma linha de profissionalização do aluno, razão pela qual a nova lei, no seu Art. 1º, § 2º, reza que: "O estágio visa ao aprendizado de competências próprias da atividade profissional e à contextualização curricular". Essa posição laboralista em relação ao estágio, que sempre foi a de setores de fiscalização do Ministério do Trabalho e Emprego, adotada por uma instrução interna de anos atrás, choca-se frontalmente com os termos da Lei nº 9.394/96 (LDB, uma lei constitucional), que, no seu Art. 82, diz: "Os sistemas de ensino estabelecerão as normas para a realização dos estágios dos alunos regularmente matriculados no ensino médio (...) em sua jurisdição".

Vê-se que não há excepcionalidades: o estágio de ensino médio é sempre obrigatório, cabendo apenas aos sistemas de ensino (estadual ou federal) regulamentar a matéria para as escolas integrantes das redes de cada um dos dois sistemas. Isso porque o estágio apenas testa e aplica, na prática, os conhecimentos teóricos recebidos pelo aluno em sala de aula, independentemente de serem seus conteúdos ensinados em currículos profissionalizantes ou não.

O estágio ajudará o jovem a amadurecer para práticas existenciais de grande significado, como: trabalho em grupo, liderança, disciplina comportamental, iniciativa individual, responsabilidade no cumprimento de tarefas, ética relacional etc. É o que os adversários do estágio de ensino médio se negam a aceitar, muito embora infrinjam uma regra

TEMAS ATUAIS DE EDUCAÇÃO E GESTÃO

elementar do direito: a LDB, lei constitucional, está acima da lei do estágio, que é lei comum, e, pela hierarquia das leis, a primeira deve prevalecer sempre sobre a segunda. E mesmo tendo a Lei nº 11.788/08 afirmado no seu Art. 1º, § 2º que o estágio visa ao aprendizado (aprendizado, no caso, é conceito tipicamente laboral, e não educacional), numa tentativa de, em norma menor, distorcer a intenção da maior, e, num golpe que nos parece pouco aceitável, tentar revogar o instituto do estágio do ensino médio em seu Art. 22, o líquido e certo é que o estágio que estamos focalizando existe, é obrigatório e será praticado, queiram ou não os seus desafetos.

•.

Afinal, essa indevida vinculação do estágio aos conteúdos profissionalizantes do currículo escolar do ensino médio inspirou-se na reforma educacional de 1971 (Lei nº 5.692), que queria acabar com a formação geral dos brasileiros e consagrar sua formação apenas profissional. É preciso lembrar os adeptos dessa tese de que a Lei nº 5.692/71 já foi revogada pela Lei nº 9.394/96 e que o regime militar encerrou-se oficialmente com a Constituição de 1988, e com ele certas leis prejudiciais à educação nacional!

Quanto às cotas fixadas na Lei nº 11.788/08, Art. 17, para a oferta de estágios de ensino médio (tabela feita mais para impedir do que para promover os estágios), o que, do ponto de vista de política social, é um absurdo total, a nova lei impõe que haja:

I – de um a cinco empregados: um estagiário;

II – de seis a dez empregados: até dois estagiários;

III – de onze a vinte e cinco empregados: até cinco estagiários;

IV – acima de vinte e cinco empregados: até 20% de estagiários.

O *caput* desse artigo dá a entender que essas cotas seriam obedecidas por todos os níveis e tipos de estágios, mas, logo no § 4º, verifica-se a discriminação em relação aos do ensino médio: "Não se aplica o disposto no *caput* deste artigo aos estagiários de nível superior e de nível médio profissional". Na dúvida de que fosse legal impedir o funcionamento desse tipo de estágio, os que a ele se opõem inspiraram essa tabela para dificultar o uso desse instituto, e, caso os empresários insistissem em contrariar esses limites, os legisladores previram no § 2º do Art. 3º da lei nova: "O descumprimento de qualquer dos incisos deste artigo ou de qualquer obrigação contida no termo de compromisso **caracteriza vínculo de emprego do educando, com a parte concedente do estágio, para todos os fins da legislação trabalhista e previdenciária**". E, atrás disso, haja multas!

Também os agentes de integração, categoria de instituição a que pertence o CIEE, foram bastante prejudicados pela nova lei. Afinal, são essas organizações de intermediação (ou de integração) entre as escolas e as empresas para a concessão de estágios curriculares que possibilitaram o uso maciço dos estágios nos sistemas de ensino. Nem as escolas nem as empresas de *per se* conseguiriam concretizar a alocação dos jovens nos estágios. Só o CIEE, em quarenta anos de existência, colocou para estagiar mais de 14 milhões de estudantes – tal a complexidade desse processo.

Pois esses "sábios da Grécia" antiestágios, que inventaram essa nova regulamentação para o instituto, conseguiram traduzir na lei ora em vigor parte de sua ira contra os agentes intermediadores (que, aliás, nunca receberam um centavo sequer dos estagiários, que têm acesso gratuito a esse serviço), esvaziando ostensivamente as suas atribuições no Art. 5º da lei, fazendo deles praticamente organizações pouco interativas com o processo de recrutamento e acompanhamento dos

TEMAS ATUAIS DE EDUCAÇÃO E GESTÃO

estágios. Tudo o que veio como novidade nessa lei, como se observou nestes comentários, inspira-se em objetivos destrutivos, e não construtivos. Foi ela feita com o intuito mais de limitar, amarrar e, se possível, desestimular os estágios e seus agentes de integração. Isso, apesar do sucesso que os estágios obtiveram nos últimos anos (ou talvez, por isso mesmo, eis que os *cases* de eficácia das iniciativas não governamentais parece que revoltam os estatólatras, que se escondem nas trincheiras de governos enraizados na crença do monopólio do Estado para a solução dos problemas sociais).

Aliás, por paradoxal que pareça, há um estudo de pesquisadores do Instituto de Pesquisa Econômica Aplicada (Ipea) que afirmou, em 2002, na nota Técnica de fls. 38 da publicação intitulada *Mercado de Trabalho – Conjuntura e Análise*[35]:

> *O segmento de jovens que frequentam* **escola de ensino médio** *e superior deve ser diferenciado (em relação a políticas específicas de emprego). Este* **segmento ganharia mais com um programa de estágios de que com um programa de primeiro emprego.** *(...) Uma política de estágios deve ser pensada como complemento a um programa de primeiro emprego, focalizando um determinado público-alvo. A lei de estágios atualmente em vigor (isso em 2002) permite que qualquer aluno matriculado no* **ensino médio** *ou superior possa se beneficiar de um contrato de estágio.*

Como se vê, existe aqui um paradoxo: os mesmos que permitem, e até apoiam, a declaração de guerra contra os estágios de ensino médio, por parte de alguns órgãos ministeriais, proclamam e recomendam o incremento dos estágios desse grau de ensino como a melhor

---

35 Ipea. *Mercado de Trabalho* – Conjuntura e Análise, nº 19. Rio de Janeiro, jun. 2002.

CAMINHOS E DESCAMINHOS DA EDUCAÇÃO BRASILEIRA

solução para jovens estudantes na faixa etária entre 15 e 17 anos de idade! Apenas que a guerra dos órgãos antiestágios tinha natureza política, e a recomendação do estudo do Ipea se fundamenta em razões técnicas e científicas.

CAPÍTULO 4

EDUCAÇÃO A DISTÂNCIA

As duas maiores contribuições do século XX para a educação foram: de um lado, o destaque dado à *educação continuada*, como se fora a própria expressão das exigências intelectuais da era do conhecimento em que se vive atualmente; e, de outro, *a educação a distância* (EAD), em que o aluno nem sempre precisará transportar-se para a escola, visto que, pelo uso da variada mídia à disposição da comunicação humana, a escola passa a ir até os usuários.

Pretendemos, nas próximas páginas, falar desta segunda grande contribuição, a EAD, que, por sua complexidade e sua recentidade, provoca tantas incertezas e tantos temores entre os educadores contemporâneos.

Começar pelo começo é sempre conceituar, antes de qualquer coisa, o objeto de uma discussão ou dissertação, não só porque isso evita a dispersão do pensamento, como também porque ajuda a manter as reflexões presas ao fio condutor do tema. E o conceito de

EAD, entre outros que possam ser inventados, deve, na verdade, conter sempre as seguintes características: trata-se de uma didática inovadora no processo ensino-aprendizagem, que dispensa a presença de alunos e professores em sala de aula, e se vale de veículos midiáticos e tecnológicos para desenvolver os cursos. Observa-se que se trata de um processo didático, e não de uma modalidade de ensino. As modalidades, que abrangem todos os graus e tipos de ensino formal – grau fundamental, médio e superior –, dispõem, cada qual delas, de uma epistemologia, que se traduz por fins, métodos e categorias próprias, inerentes à sua natureza.

Ministrar cursos presenciais ou a distância não muda os fins a serem alcançados na educação: é apenas uma alternativa metodológica, e, por conseguinte didática, que entra em cena. Tudo o mais continua sem alteração, o que não ocorreria se a EAD, em vez de uma linguagem pedagógica, fosse havida como modalidade de ensino. Os meios de que se possam valer os educadores para elaborar projetos de EAD vão desde a correspondência postal (historicamente a primeira forma de que se revestiu essa prática) até o *e-learning* (transmissão de cursos pela internet, sendo o *e* o indicativo de eletrônico), passando pelo rádio, pela TV, pela videoconferência, pelo telefone celular e suas aplicações, como o iPod e outros.

Não há necessariamente uma ideia de sequência substitutiva entre essas mídias, podendo os projetos valer-se delas em conjunto, ou de uma delas isoladamente, dependendo sempre do meio socioeconômico dos alunos, de seus níveis de necessidade, do seu conhecimento e de sua prontidão para a aprendizagem, bem como das possibilidades tecnológicas da emissão e da recepção das mensagens que compõem os cursos. O importante é que sejam eles elaborados com eficácia e qualidade, para o aproveitamento adequado e satisfatório dos usuários.

TEMAS ATUAIS DE EDUCAÇÃO E GESTÃO

É sempre bom lembrar que, nos longínquos anos 1960 do século XX, quando o serviço público paulista dispunha de padrões de excelência que o punham entre os melhores do Brasil, tivemos a oportunidade de dirigir a Divisão de Cursos e Concursos para os servidores públicos do Estado, do então Departamento Estadual de Administração. Havia cursos básicos de Português, Matemática, Ética e Legislação Aplicada a cada carreira funcional. Centenas de milhares de servidores espalhados por todo o território bandeirante estavam neles matriculados. Uma comissão de especialistas: pedagogos, sociólogos, psicólogos e comunicadores preparavam as apostilas e as provas de avaliação, e todo esse material ia e vinha pelo correio, com impressionante regularidade. Importante: a aprovação nesses cursos pesava na classificação dos funcionários por ocasião de suas promoções periódicas. Há que perguntar: daria para comparar o servidor público daqueles anos com esse que hoje aí está? Era a EAD já em funcionamento, num tempo em que os correios eram o meio de comunicação mais usual na sociedade brasileira. Agora que a tecnologia da comunicação deu um salto gigantesco com o advento da linguagem eletrônica, e quando é muito mais eficaz, barato e interessante utilizar-se da educação a distância para educar as turmas geograficamente dispersas de alunos, houve melhorias qualitativas nesses programas de desenvolvimento do servidor público? Tememos que a resposta seja negativa. Fomos buscar tal exemplo para informar três coisas:

1   que a educação a distância já funcionava no Brasil com grande êxito há mais de meio século;

2   que o veículo utilizado, a correspondência, mostrou-se inteiramente adequado aos objetivos pretendidos;

CAMINHOS E DESCAMINHOS DA EDUCAÇÃO BRASILEIRA

3   que, em certos aspectos, o Brasil de hoje, apesar de seus aparentes progressos, sofreu regressões em relação ao passado. Aliás, toda a educação brasileira parece testemunhar uma afirmação como essa. Não é que se esteja pretendendo voltar aos processos então praticados, e sim que se urge conquistar com os processos modernos a mesma eficácia obtida daqueles idos.

Uma questão que sempre se põe nas discussões sobre a EAD consiste em indagar sobre a aparente superioridade nos resultados obtidos pelos alunos nos cursos presenciais, em relação aos que se fazem a distância. Trata-se de uma comparação equivocada. Os testemunhos são muitos para atestar que tanto uma quanto outra forma de ensinar podem igualmente alcançar excelentes resultados. E a prova maior disso está no fato de que já se conhecem centenas de pesquisas e de teses de doutoramento dando conta da pertinência qualitativa dos cursos de EAD em relação aos presenciais. A obra *Educação a Distância: Uma Visão Integrada*[36], assinada por Michael Moore e Greg Kearsley, registra numerosos desses trabalhos avaliativos, que podem ser amplamente consultados por quem esteja neles interessado. Transcrevemos, a seguir, algumas opiniões abalizadas a respeito do tema:

"Já foi constatado que: (1) a instrução a distância pode ser igualmente eficaz na produção de aprendizado como a instrução em sala de aula, e (2) a ausência de contato pessoal (entre professores e alunos) não é, em si, prejudicial ao processo de aprendizado" (p. 259). Já em 1928, Crump afirmava em sua tese de doutorado que "inexistem diferenças significativas entre os resultados de provas aplicadas a alunos

---

36 Michael Moore e Greg Kearsley. *Educação a Distância:* Uma Visão Integrada. São Paulo: Pioneira Thomson, 2007.

TEMAS ATUAIS DE EDUCAÇÃO E GESTÃO

em uma sala de aula em Oklahoma, em comparação aos que estudaram as mesmas disciplinas por correspondência"; em 1996, Chute "comparou o desempenho no exame final de uma classe tradicional com o de uma classe baseada na *web* em um curso de graduação em estatística, tendo constatado que a classe baseada na *web* obteve um resultado 20% melhor, em média". Verifica-se que a EAD não perde em nada para o ensino presencial. Recentemente, as pesquisas nos EUA – e mesmo no Brasil – têm confirmado esses mesmos resultados.

•

Nos anos recentes – 2005/2009 –, quando nos foi dado presidir a maior ONG do hemisfério sul, o CIEE (Centro de Integração Empresa-Escola, tanto o de São Paulo quanto o nacional), lançamos os primeiros programas educativos da instituição por intermédio do *e-learning*, sem embargo da resistência de alguns dirigentes mais conservadores que se opunham à iniciativa. Resultado: ao cabo de quatro anos, o programa explodiu, tendo ido de uma centena de alunos para um milhão e meio de usuários.

Como idealizador do projeto, não abrimos mão dessa paternidade, uma vez que o interesse dos alunos é crescente e o aproveitamento nos cursos é extraordinário. Como disse Pierre Levy, da Universidade de Paris VIII, ao comentar as afinidades entre a educação continuada e a EAD:

> *Até os anos 1960, a maior parte dos saberes úteis era perene, considerando-se o ciclo de vida de uma pessoa. Hoje a situação mudou consideravelmente, já que a maioria dos saberes adquiridos no início de uma carreira tem se tornado rapidamente obsoleta. As desordens da economia, assim como o ritmo precipitado das evoluções científicas e técnicas, determinam*

CAMINHOS E DESCAMINHOS DA EDUCAÇÃO BRASILEIRA

uma aceleração geral da temporalidade social. Com isso, os indivíduos e os grupos não se confrontam mais com saberes estáveis, com classificações de conhecimentos legadas e amparadas pela tradição, mas com um saber fluxo "caótico", de curso dificilmente previsível no qual se trata, inevitavelmente de aprender a navegar. A relação intensa com o aprendizado, com a transmissão e com a produção de conhecimentos não está mais reservada a uma elite, mas passa a dizer respeito a todas as pessoas em sua vida cotidiana e em seu trabalho. Através da formação continuada, da formação em alternância, dos dispositivos de aprendizagem em empresas, da participação na vida sociativa, sindical etc., constitui-se hoje um "continuum" entre o tempo de formação e o tempo de experiência profissional e social. No seio desse "continuum", todas as modalidades de aquisição de competências (incluída aí a do autodidata) têm seu lugar.

Daí se conclui que a educação a distância via *web* acarretará para a sociedade mundial, no século XXI, a verdadeira e sonhada universalização da educação, em todas as suas possíveis dimensões, sempre com pertinência e qualidade indiscutíveis.

As aplicações da EAD, tanto na educação formal como na livre e aberta, são variadas e se apresentam num crescimento gigantesco nesta última década, quando o mundo passou a incorporar com sucesso os avanços da tecnologia da comunicação aos processos de formação e desenvolvimento das novas gerações. A escola vem perdendo progressivamente seu monopólio tradicional sobre a conquista e a transmissão do saber, notadamente nos níveis médio e superior de capacitação intelectual e laboral. Inúmeros outros fatores vão progressivamente invadindo o mercado e tornando a escola, com seus processos superados de ensino e sua burocracia devastadora, cada vez mais museológica e cansativa para professores e alunos.

TEMAS ATUAIS DE EDUCAÇÃO E GESTÃO

A EAD, que, com sua flexibilidade e modernidade, ganhou a preferência da geração Y (dos anos 1990 para cá), cooptada pelo uso dos recursos tecnológicos em permanente expansão, tem merecido mais frequência e aplauso do que os cursos dissertativos das escolas tradicionais e seus rançosos processos didáticos. A internet, hoje, ensina mais do que a sala de aula. Se isso é um bem ou um mal, só se saberá no futuro. Por enquanto, a opção continua a ser essa, dado o encantamento que desperta o saber via *web* nas novas gerações de crianças e jovens. A grande preocupação de educadores e pais está na lentidão em face da modernidade, que caracteriza os atuais sistemas de ensino.

Afinal, todos sabemos que a mudança tecnológica tem a velocidade dos aviões supersônicos, e a formação de professores, a dos carros de boi. Licenciar docentes nas regras antigas, que reúnem as discussões das teorias pedagógicas deste ou daquele autor, ultrapassados saberes das ciências de ontem e a envelhecida didática dos discursos professorais em sala de aula, hoje, e cada vez mais daqui para a frente, tem redundado em clamorosas inutilidades e comprometido a imagem da escola como agente do processo ensino/aprendizagem. Há que inserir no dia a dia escolar todo o dinamismo da moderna tecnologia da comunicação. Há que pedagogizar todo o imenso acervo de informações da internet e seus modismos, para melhorar a qualidade e os resultados da educação formal no mundo, mas sobretudo no Brasil, que nesse aspecto se vem utilizando da velocidade das tartarugas para atualizar-se.

•.

A aplicabilidade da Tecnologia de Informação (TI) nos sistemas de ensino pode ocorrer nas seguintes situações:

CAMINHOS E DESCAMINHOS DA EDUCAÇÃO BRASILEIRA

1   Como ação complementar dos planos de ensino dos docentes em sala de aula. Embora não se tenha, nesse caso, uma ação típica de EAD, eis que professores e alunos continuam em contato entre si; na verdade, o auxílio de *tapes*, DVDs, TVs e várias outras mídias aplicáveis à linguagem didática dos professores seria do mais alto interesse para o sucesso do processo educativo.

Cabe aqui uma referência ao que aconteceu com as TVs chamadas educativas. Em países de primeiro mundo, os programas de TV com cunho educativo são acompanhados pelos alunos em sala de aula com a supervisão dos professores, que preparam suas didáticas, nelas incluindo essas transmissões. No Japão, onde estivemos no ano de 1980 para conhecer experiências desse jaez, pudemos constatar não só a perfeição das conexões escola-televisão, mas também a consistência didática das programações educativas, com sua linguagem pedagogicamente ajustada com vistas a enriquecer as aulas ministradas pelos professores aos alunos destas e daquelas séries. No Brasil, havia nesses tempos uma verdadeira febre na instalação de TVs educativas. Vários Estados chegaram a fazê-las funcionar, a começar por São Paulo, onde disso se encarregou a Fundação Anchieta.

Logo depararam os entusiastas da iniciativa com um retumbante fracasso, tendo em vista que não se encontrou nem a linguagem televisiva adequada à ação educacional nem a possibilidade de integrar sala de aula com programações que se ajustassem aos temas desenvolvidos pela escola. Resultado: as TVs educativas tornaram-se TVs Culturas e os educadores brasileiros continuam no aguardo de uma solução adequada para o casamento entre o plano de aula dos professores e a linguagem eletrônica das TVs. As soluções tentadas foram todas impróprias e não convenceram, pois não passavam

TEMAS ATUAIS DE EDUCAÇÃO E GESTÃO

de artistas, que buscavam, com seu talento e sua popularidade, transmitir a alunos telespectadores os conteúdos de disciplinas, ou de professores, sem a menor familiaridade com as câmeras, que exibiam seu notório constrangimento quando tentavam comunicar-se com a moçada entediada. Aula discursiva gravada sempre foi a pior solução para a EAD.

2   Outra aplicação dessa nova linguagem não presencial em educação seria a escolarização das grandes massas que, por razões diversas, se mantiveram fora do ambiente escolar na idade própria para fazê-lo. Esse é o caso brasileiro, cujas estatísticas educacionais continuam a escandalizar com o número absurdo de seus analfabetos, sejam puros, sejam funcionais, além das multidões de alunos matriculados em séries descorrelatas com sua idade cronológica. Para essa clientela, o uso da EAD se impõe como o mais adequado instrumento de solução para tais distorções.

Há um programa famoso de alfabetização realizado na Austrália, anos atrás, por intermédio de rádio. Populações nativas, residentes no interior semiárido daquele país, não poderiam, dada a sua rarefação demográfica, receber educação escolar tradicional, com professores e salas de aula. Daí que se formataram programas radiofônicos, com ampla distribuição de receptores pelas choças tribais, sob a supervisão de um corpo técnico especializado. Com isso, zerou-se o analfabetismo no país.

Está aí um exemplo que poderia ser útil ao Brasil, que tem nas periferias urbanas e nos grotões sertanejos milhões de clientes à espera de inclusão social via programas de alfabetização. Seja através de uma só mídia, seja por meio de várias delas integradas entre si, o analfabetismo deste país só não foi ainda zerado por falta de vontade política dos governos, somada ao despreparo de educadores para participarem de uma cruzada dessas.

3   Outro campo extraordinariamente fértil para o uso da EAD está nos treinamentos profissionais e nas reciclagens de mão de obra. Estão aí, para tanto, as universidades corporativas, que se vêm multiplicando no Brasil em ritmo animador. Vieram elas substituir os antigos e deficientes departamentos de cursos das empresas, como se poderá ver no capítulo que se dedica ao tema nesta obra. Nesses cursos, os alunos aprendem e se formam mediante aulas acessadas no serviço ou em casa, em horários e dosagens determinadas pelo interesse e a possibilidade de cada um.

Na EAD, o comando do curso quanto à duração e a intensidade do estudo está na mão do aluno, que o acessa na hora que puder e aprende à medida que lhe convier. Quanto a custos, os cursos de EAD, após sua implantação e, dependendo do número de clientes que possam reunir, serão menos onerosos do que os presenciais; isto porque as despesas poderão ser repartidas entre milhares de usuários e não apenas entre cinquenta ou cem de uma sala de aula comum. Como a decisão sobre os cursos mais necessários e interessantes vem do mercado e não de órgãos da burocracia governamental, é certo que todos terão grande afluência de interessados. Essa é a razão de ser necessário a cada central produtora de cursos ou a cada empresa mantenedora de alguns deles organizar uma equipe técnica de alta *expertise* nesses assuntos, para a programação, a produção, a coordenação, a emissão, a avaliação e a certificação das aulas e do seu aproveitamento pelos alunos. Nessas equipes, não podem faltar pedagogos especializados nas

TEMAS ATUAIS DE EDUCAÇÃO E GESTÃO

linguagens didáticas das mídias, psicólogos e sociólogos, comunicadores, *webdesigners* e o que mais exigir o desenvolvimento dos cursos. As empresas interessadas poderão produzir elas mesmas os cursos, tendo em vista a necessidade de fortalecer sua cultura e seu estilo próprios ou valer-se da terceirização para centrais produtoras, que começam a multiplicar-se como prestadoras de serviço.

A avaliação da qualidade desses cursos não pode contar com as mesmas técnicas avaliativas do ensino presencial e acadêmico. Na EAD, as regras nascem das situações concretas de cada caso e o êxito dos cursos se mede pelos resultados obtidos por seus usuários e pela melhoria de performance de cada um deles. Daí a dificuldade do Poder Público em regulamentar o uso da EAD nos sistemas de ensino formal. Daí também uma forte razão para o atraso que se verifica não só na adoção dos programas de EAD pelas redes escolares, mas também no grande número de equívocos que emerge das tentativas feitas por Conselhos e órgãos executivos do setor educacional ao baixarem regras para o uso intensivo dessa nova didática em qualquer das aplicações, que foram objeto dos comentários integrados a este capítulo.

O grande dramaturgo contemporâneo Edward Albee escreveu uma peça de sucesso, que intitulou interrogativamente: *Quem Tem Medo de Virginia Woolf?*[37]. No caso da EAD, existe um medo comparável a esse, e seus praticantes são de fácil identificação: de um lado, burocratas da educação, que não dominam as inúmeras virtualidades dessas didáticas fundadas na tecnologia científica; de outro, os professores, que não conseguem entender que a EAD mais promove a criação do que a extinção de postos de trabalho para os docentes,

---

37 Edward Albee. *Who's Afraid of Virginia Woolf?* New York: Penguin USA, 2006.

além de torná-los mais queridos e compreendidos pelos alunos, na sua quase totalidade, apaixonados pela Tecnologia da Informação.

Qualquer projeto envolvendo a EAD exigirá a colaboração continuada de professores nas tarefas de bastidores, que se concentram na produção de conteúdos e na ação de tutoria, as quais implicam: assessoria permanente ao aluno, verificação dos acertos nas provas e tira-dúvidas ao longo dos cursos. Como já escrevi em obra anterior e repesco nesta, dada a grande atualidade daquelas observações:

> *Muitos preconceitos cercam a implantação da EAD nos sistemas de ensino, sendo, sem dúvida, o maior deles o temor dos professores de que a adoção dessa forma não presencial de ensino possa tirar-lhes o emprego. O que não deixa de ser uma tolice, eis que, além de a educação a distância entrar nos sistemas de ensino como solução complementar para o aproveitamento de alunos impossibilitados de frequentarem a escola presencial, ainda há que considerar que os cursos mediados por diferentes veículos de mídia criam para os professores novos postos de trabalho, quer como produtores de programas, quer como orientadores de alunos, quer como retroalimentadores de qualidade, com vistas ao aprimoramento de cursos e programas. Ademais, se se podia segurar o avanço da linguagem a distância, ao tempo em que se utilizava da correspondência postal, da fita de vídeo, do rádio, já não se pode mais fazê-lo depois que a "web" chegou para ficar e popularizou a internet, hoje acessada nos lares por meio dos microcomputadores, transformados, de repente, em utilidade doméstica. E até por telefones celulares.*
>
> *De tal forma a educação a distância vem se impondo nos hábitos nacionais que, mesmo sendo o Brasil como é, principalmente em educação, um país tardio no acesso à modernidade, a nova LDB de 1996 não pôde*

TEMAS ATUAIS DE EDUCAÇÃO E GESTÃO

deixar de destinar, pela primeira vez na história da legislação do ensino, um de seus artigos a essa novidade. Trata-se do Artigo 80.

Apesar da sua inegável importância como alternativa ao ensino presencial, dado principalmente o caráter social de que se reveste, a educação a distância apresenta-se, a partir de agora, como indispensável instrumento, tanto da autodidaxia, que ocupará cada vez mais espaço nos projetos educativos futuros, quanto da chamada educação continuada, uma inevitável prática que nasce da rápida inovação científica e tecnológica, capaz de tornar obsoletos no fim de um curso os saberes que eram atuais no seu início. Tanto nos programas de graduação universitária quanto nos de pós, seja lato, seja stricto sensu, ou ainda MBA, a utilização dos processos de ensino a distância, principalmente os intermediados pelos computadores, far-se-á cada vez mais intensamente. É o preço que se paga pelo ingresso na civilização da informática. A escola do futuro será cada vez mais uma função virtual e cada vez menos um endereço geográfico. E cada ser humano, sem mais precisar sair de casa ou sacrificar o emprego, fará o curso que quiser, na mídia que escolher. Quanto ao professor, terá suas funções profundamente alteradas: em lugar de discursar em sala de aula para um pequeno contingente de alunos, passará a ser um fornecedor de conhecimentos via internet e um tira-dúvidas interativo para, provavelmente, milhares de alunos conectados aos cursos sob sua responsabilidade. Aprender deixará de ser um provisionamento do estudante, por via de acesso ao estoque do saber acumulado nas escolas, para significar, antes, um aproveitamento das experiências profissionais e sociais do dia a dia de cada um. Haverá uma crescente individualização do processo de aprendizagem, com extrema valorização dos saberes extraescolares. Tanto o conhecimento acadêmico como o extra-acadêmico estarão permanentemente no ar, à disposição de todos, via micros e laptops que, miniaturizados, prometem ser cada vez mais práticos e portáteis, como ocorre com os telefones celulares. A aquisição do saber será livre, numa nova forma de economia e comércio da informação, e sua certificação terá de encontrar novos procedimentos, o que promete enlouquecer a tecnoburocracia dos sistemas de ensino. Toda ela com muito medo de Virginia Woolf [38].

---

38 Paulo Nathanael Pereira de Souza. *LDB e Educação Superior*. São Paulo: Pioneira Thomson, 2001.

CAPÍTULO 5

GOVERNANÇA CORPORATIVA

A IDEIA NASCEU LOGO APÓS A GUERRA de 1939-1945, nos EUA, tendo em vista a sucessão nas grandes empresas familiares e a ameaça representada pelos CEOs, dotados de poderes extraordinários para decidir estratégias e executar atos de gestão, sem precisar reportar--se a quem quer que fosse. Ademais, sobreveio o rápido e oceânico desenvolvimento tecnológico e científico, que afastou a possibilidade de um só indivíduo dominar conhecimentos tão extensos quanto profundos, exigidos pela administração moderna e competente de grandes corporações.

Como alerta John K. Galbraith em sua clássica análise das tecnoestruturas na gestão científica[39] das grandes corporações:

---

39 John K. Galbraith. *O Novo Estado Industrial*. Rio de Janeiro: Pioneira Thomson, 1968.

CAMINHOS E DESCAMINHOS DA EDUCAÇÃO BRASILEIRA

Não foi para indivíduos, mas para organizações que o poder na empresa de negócios e na sociedade passou. (...). A organização moderna de negócios tem a ver com a orientação e direção por meio de numerosos indivíduos de diferentes especializações e expertises, que estão empenhados, a qualquer tempo, em obter, classificar, trocar e verificar informações, no processo de tomada de decisões. (...) A decisão na empresa de negócios moderna é o produto não de indivíduos, mas de grupos. Cada grupo contém os homens possuidores das informações necessárias à obtenção das melhores decisões para a empresa. Assim, agem com sucesso em assuntos dos quais nenhum deles sozinho, por mais superior ou inteligente que seja, possui mais do que uma fração do conhecimento necessário. (...) Quando o poder é exercido por um grupo, não apenas passa para a organização, mas passa para ela irrevogavelmente. Se um indivíduo tomou uma decisão, pode ser chamado perante outro indivíduo, seu superior hierárquico, ter a informação examinada e revogada a sua decisão pela maior experiência e sabedoria do superior. Entretanto, se a decisão exigiu as informações combinadas de um grupo, ela não poderá ser revogada por um só indivíduo. Ele terá de obter o julgamento de outros especialistas e isto faz o poder voltar mais uma vez para a organização. (...) No passado, a liderança nas organizações de negócios identificava-se com o empresário, o indivíduo que unia a propriedade ou o controle do capital, com a capacidade de organizar os outros fatores de produção e, em muitos casos, também com a capacidade de inovação. Com o surgimento da grande companhia moderna, o aparecimento da organização exigida pela tecnologia e planejamento hodiernos, e a separação entre o proprietário do capital e o controle da empresa, o empresário não mais existe como pessoa individual na empresa industrial amadurecida. O empresário como força diretora da empresa é substituído pela gestão coletiva de especialistas. Este grupo passa a ser a inteligência orientadora, o cérebro da empresa.

TEMAS ATUAIS DE EDUCAÇÃO E GESTÃO

Essas transcrições um tanto longas do pensamento de Galbraith sobre a mudança havida na gestão das grandes corporações industriais no pós-guerra mundial de 1945 são importantes, eis que nelas estão contidas as sementes da atual administração ou governança corporativa, inicialmente apelidada de tecnoestrutura, um nome que não pegou. Talvez tenha sido essa a mais revolucionária mudança havida nos arraiais da organização administrativa das corporações da economia moderna. Começou, como se viu antes, com o setor industrial, para espalhar-se, em seguida, por todos os demais, como comércio, serviços e até mesmo as organizações do terceiro setor.

•.

A tradição administrativa no Brasil obedece, quase sempre, a um esquema antigo de poderes concentrados na pessoa do presidente executivo das organizações, a quem cabe tudo prever e prover, com o corpo social distribuído em organogramas verticalizados, feitos de caixinhas de competência, onde as pessoas se localizam como que em gaiolas para executar as limitadas tarefas de cada um. O País sempre foi governado de cima para baixo, nos modelos da Colônia e do Império, e não mudou suficientemente sua metodologia de gestão na República, até porque nasceu ela presidencialista e com o caldo ditatorial do positivismo, o que afastou a população do protagonismo político e da escolaridade pertinente (ou seja, de qualidade), abrindo o vazio onde sempre prosperaram mais as práticas autoritárias do que as participações democráticas. Isso foi igual tanto para o governo da nação quanto para o comando das empresas e das organizações em geral, inclusive a própria família.

No entanto, à medida que o conhecimento moderno multiplicou as suas conquistas e que os grupos minoritários de acionistas (antes despojados de qualquer importância nas sociedades anônimas)

CAMINHOS E DESCAMINHOS DA EDUCAÇÃO BRASILEIRA

começaram a reclamar presença e poder de decisão nas assembleias de sócios, a necessidade da transição do poder unicéfalo do CEO para o coletivo de uma governança corporativa se fez inadiável, o que abriu caminho para as reformas em profundidade da gestão organizacional.

Hoje, ninguém mais individualmente reúne condições para saber tudo o que nasce dos avanços contínuos da ciência e da tecnologia. O saber polimorfo da modernidade exige a reunião de especialistas nos diversos campos da arte de administrar para que, em conjunto, possam tomar as mais acertadas decisões. Por outro lado, a cissiparidade dos agentes econômicos na produção de bens e serviços ampliou de tal forma a concorrência mercadológica que um homem sozinho, concentrando em suas mãos (ou equivocadamente achando que concentra) todo o saber e todo o fazer, não conseguirá assegurar à empresa as condições capazes de competir com os concorrentes ou de manter estrategicamente o seu crescimento a médio e longo prazo. Isso sem falar nos abusos que podem ser cometidos por CEOs, que aliam (e isso tornou-se muito comum) o poder institucional à vaidade pessoal, a ponto de fazerem da empresa não só uma espécie de propriedade sua, como também um eficaz instrumento para fortalecer seu patrimônio pessoal e sua imagem pessoal, através do uso distorcido de facilidades em seu benefício.

A governança corporativa veio para corrigir isso tudo e proceder à profilaxia gestional das empresas e associações. Como afirma Bengt Hallqvist[40]:

> O "rambo" empresarial está com seus dias contados. Porque a intenção
> da governança corporativa é diminuir o poder e o excesso de liberdade
> de ação dos presidentes executivos (CEOs), e criar condições para a

---

40 Bengt Hallqvist, apud Herbert Steinberg. *Dimensão Humana da Governança Corporativa*. São Paulo: Gente, 2003.

existência de organizações mais racionais, éticas e pluralistas da economia e da sociedade como um todo.

A diferença essencial entre governança corporativa e uma diretoria executiva é que o poder real sobre a entidade compete aos conselhos (Conselho de Administração, Conselho Consultivo e Conselho Fiscal), restando à diretoria executiva cumprir as determinações desses colegiados e proceder à gestão de contas em balancetes e balanços, com vistas sempre aos fins da instituição.

Edson Cordeiro da Silva, autor da obra *Governança Corporativa nas Empresas*[41], insere nos anexos de seu livro o Decálogo das Melhores Práticas da Governança Corporativa:

1   A boa governança se desenvolve em torno dos princípios básicos da transparência, da equidade, da prestação de contas e da responsabilidade corporativa.

2   Seus maiores objetivos são as criações do valor para os sócios e para os demais parceiros, a melhoria do desempenho operacional e a maior facilidade de captação de recursos a custos mais baixos, assegurando a perenidade da organização e atendendo aos seus objetivos econômicos, ambientais e sociais.

3   Os agentes da governança corporativa são todos aqueles que possuem interesse e responsabilidade sobre os atos da sociedade. Eles incluem proprietários, conselheiros, diretores, conselheiros fiscais, auditores e demais partes interessadas.

---

41 Edson Cordeiro da Silva. *Governança Corporativa nas Empresas*. São Paulo: Atlas, 2006.

CAMINHOS E DESCAMINHOS DA EDUCAÇÃO BRASILEIRA

4   Deve haver clara distinção de papéis entre propriedade e gestão, e a esfera de atuação de cada grupo deve estar referida no estatuto social e nos regimentos internos.

5   O princípio da equidade recomenda que a cada ação (ou cota de capital) corresponda um voto. Isto significa a inexistência de capital sem voto.

6   Independentemente de sua forma societária e de ser companhia aberta ou fechada, toda sociedade deve ter um Conselho de Administração eleito pelos sócios, sem perder de vista todas as demais partes interessadas (*stakeholders*), o objeto social e a sustentabilidade da sociedade em longo prazo. Os conselheiros devem sempre decidir no melhor interesse da sociedade como um todo, independentemente da parte que os indica ou elege.

7   A missão do Conselho da Administração é proteger e valorizar o patrimônio da companhia, bem como maximizar o retorno do investimento. Entre as competências do Conselho de Administração devem se destacar a definição da estratégia, a eleição e a destituição do principal executivo, o acompanhamento da gestão, o monitoramento dos riscos e a indicação e a substituição dos auditores independentes. O conselho da sociedade deve ser formado em sua maioria por conselheiros independentes, contratados por meio de processos formais com escopo de atuação e qualificação bem definido.

8   As funções de fiscalização e controle devem ser exercidas, de forma independente e integrada, pela auditoria interna, auditoria

TEMAS ATUAIS DE EDUCAÇÃO E GESTÃO

externa, Conselho Fiscal e comitê de auditoria. O Conselho Fiscal não substitui o comitê de auditoria. Enquanto este é o órgão de controle com funções delegadas pelo Conselho de Administração, aquele é o instrumento de fiscalização com atribuições definidas diretamente pelos sócios.

9   Toda sociedade deve ter um código de conduta baseado em princípios éticos, aprovado pelo Conselho de Administração e aplicável a todos os colaboradores e administradores. O primeiro objetivo desse código deverá ser minimizar os conflitos de interesses.

10   Os conflitos entre sócios e entre estes e a sociedade devem ser resolvidos, de preferência, por meio da arbitragem.

•.

Como se pode ver, esse decálogo diz respeito, em especial, às empresas lucrativas, sejam de produção de bens, sejam de prestação de serviços, mas, com as devidas adaptações, será ele de grande utilidade para qualquer tipo de organização, seja ela lucrativa ou não. Aliás, esse assunto é tratado com mais generalidade e abrangência na edição especial da *Harvard Business Review*, intitulada *On Corporate Governance*[42], incluída na obra já por nós referida, de Herbert Steinberg.

Veja-se, a seguir, o resumo das principais assertivas da revista sobre os Conselhos de Administração e sua competência:

---

42 *Harvard Business Review on Corporate Governance.* Boston: Harvard Business School, 2000.

CAMINHOS E DESCAMINHOS DA EDUCAÇÃO BRASILEIRA

a   As contribuições cruciais dos Conselhos são supervisionar a estratégia de longo prazo, além de decidir sobre seleção, avaliação e remuneração da diretoria.

b   Deve analisar anualmente o desempenho do CEO, para preservar sua humildade.

c   Evitar que a tarefa de indicar novos conselheiros seja jamais delegada ao CEO.

d   Não deixar vazios na sua atividade para não serem preenchidos pela esperteza dos CEOs.

e   Todo conselheiro deve ter acesso livre a questões politicamente sensíveis da organização, como o desempenho dos gerentes seniores.

f   Conselhos fortalecidos precisam sempre monitorar o próprio desempenho.

g   Ter sempre em mente que contratar CEOs é medida de altíssimo impacto e, ainda assim, tem ocorrido a condução desse processo de forma débil, ou seja, com pouca discussão e compreensão.

h   Os Conselhos são responsáveis pela definição da estrutura organizacional, pelo programa de desenvolvimento e pela escolha do sucessor do CEO.

TEMAS ATUAIS DE EDUCAÇÃO E GESTÃO

i   O Conselho deve impedir que o CEO interfira no processo sucessório da área executiva.

j   As reuniões do Conselho não devem ter a presença do CEO.

Dada a precaução que o documento revela em relação aos CEOs, tendo em vista as atitudes autoritárias desse tipo de funcionário, até parece que essa pesquisa de Harvard se fez no Brasil! Acontece que, mesmo nos EUA, onde nasceu a governança corporativa, ainda subsistem esses tipos centralizadores e essas estruturas de natureza vertical, sem participação do corpo social na tomada de decisões, nem liberdade para que os funcionários apresentem sugestões ou exprimam críticas.

A existência de um Conselho de Administração competente, que represente o interesse estatutário da instituição e sobreponha sua autoridade sobre a dos demais dirigentes, é um antídoto contra abusos e descontroles na vida das organizações. Essa é a solução ideal para gestões modernas e racionais das empresas e das associações de qualquer modalidade ou fim.

Foi por isso que, em 2003, os dirigentes do CIEE (Centro de Integração Empresa-Escola), que nos coube presidir por dois mandatos, tomaram a decisão de racionalizar e modernizar a gestão da instituição, transformando sua administração numa governança corporativa, exercida por três conselhos, a saber: Conselho de Administração, Conselho Consultivo e Conselho Fiscal.

Tudo indica que os resultados e o destaque auferidos pelo órgão a partir dessa reforma foram altamente expressivos, o que qualifica a decisão como sábia e, esperamos, sempre profícua para aprendizes e estagiários do Brasil.

SOBRE O AUTOR

PAULO NATHANAEL PEREIRA DE SOUZA

Filiação: Caetano de Souza e Maria do Carmo (Ruth) Pereira de Souza
Nascimento: 25 de março de 1929, em Campinas (distrito de José Paulino, atual Município de Paulínia), São Paulo

1 FORMAÇÃO ACADÊMICA

Pré-Escola: Escola Alemã de Campinas.
Primário: Grupos Escolares de Campinas, Artur Nogueira, Bauru, Araraquara, São Carlos.
Ginasial: Ginásio Diocesano de São Carlos.
Colegial e Normal: Instituto de Educação Dr. Álvaro Guião, de São Carlos.

Superior

Faculdade de Ciências Econômicas de Marília.
Curso de Direito até o 4º ano – Universidade Toledo de Bauru e Universidade Mackenzie.

Pós-graduação

Doutorado – Doutor em Educação – Universidade Mackenzie (SP).
Mestrado – Fundação Escola de Sociologia e Política (SP).
Dezenas de Cursos de Aperfeiçoamento e Especialização em Educação, Economia e História.

2 TITULAÇÃO E VIDA PROFISSIONAL

2.1 Docência e Administração Escolares

> Professor Primário em São Carlos.
> Professor Secundário de História e Língua Portuguesa nos cursos ginasiais e técnicos de comércio, em São Carlos.
> Professor efetivo, por concurso, de História Geral e do Brasil do ensino secundário estadual, no Colégio Estadual de Tupã (hoje, Instituto de Educação Índia Vanuire).

> Professor de História Geral e do Brasil, no Colégio Dante Alighieri, da Capital (SP).

> Professor dos Cursos de Especialização e de Férias da Secretaria Estadual de Educação e do Departamento de Administração (DEA), do Governo do Estado de São Paulo.

> Diretor por Concurso Público dos colégios estaduais de Tupã, Votuporanga, Pompeia, no interior do estado e colégios Virgília Carvalho Pinto e Alberto Levy, na Capital.

> Inspetor Regional do Ensino Secundário e Normal do Estado de São Paulo, com sede em Itapetininga, Tupã e Capital.

> Diretor do Departamento Municipal de Ensino, da Secretaria Municipal de Educação.

> Secretário de Educação do Município da Capital (Gestão Figueiredo Ferraz).

> Introdutor dos concursos públicos de ingresso para professores e diretores de escolas municipais.

> Chefe do Ensino Secundário e Normal do Estado de São Paulo (Departamento Estadual de Educação).

> Gerente, em São Paulo, do projeto MEC de reforma do ensino ginasial (Pluricurriculares/CTPGIP).

> Secretário Estadual de Educação por quatro meses (Governo Laudo Natel, em substituição ao titular Carlos Pasquale).

2.2 Docência e Administração do Ensino Superior

> Professor de Política e Programação Econômica e de História do Pensamento Econômico – Curso de Ciências Econômicas da Faculdade Municipal de Osasco.

> Professor de Política e Programação Econômica e de História do Pensamento Econômico – Curso de Ciências Econômicas do Instituto Municipal de São Caetano do Sul (Imes).

> Professor de Política e Programação Econômica e de História do Pensamento Econômico – Curso de Ciências Econômicas da Universidade Mackenzie.

> Professor de História do Brasil – Faculdade de Filosofia de São José dos Campos (hoje Universidade do Vale do Paraíba).

> Coordenador dos Cursos de Pós-graduação da Universidade São Judas Tadeu, da cidade de São Paulo.

> Vice-presidente Acadêmico da Fundação de Ciências Aplicadas (Companhia de Jesus).

> Conferencista dos Cursos Preparatórios de Universitários para a Operação Rondon.

> Diretor Cultural da Fundação de Ensino Superior de Osasco – em substituição a Amador Aguiar e Diretor dos Cursos de Administração, Informática e Direito dessa Instituição (FIEO).
> Conferencista da ESG e da Escola Superior de Guerra (Adesg).
> Reitor da Universidade São Marcos, em São Paulo (SP).
> Membro das Comissões Técnicas de Avaliação (MEC) para a abertura de novas universidades.
> Professor e membro de bancas de mestrado e doutorado em diversas universidades.
> Membro, por três mandatos, do Conselho Estadual de Educação e Presidente das Câmaras de Planejamento e Educação Superior do mesmo colegiado).
> Consultor Técnico do Senai, do Senac e da Federação da Agricultura para assuntos educacionais.
> Membro Titular e Presidente do Conselho Federal de Educação (CFE Brasília).
> Consultor Internacional para assuntos da Formação Profissional (Cinterfor-OIT).
> Representante do Ministro de Educação, Marco Maciel, na Conferência Internacional de Ministros de Educação, no Panamá.
> Representante brasileiro convidado na Conferência Europeia de Educação de 1999, realizada pela OCDE, em Madri.
> Conferencista no Seminário da OCDE sobre o Futuro das Universidades, realizada em Coimbra, Portugal, 2008.
> Membro titular do Conselho Federal de Mão de Obra no Ministério do Trabalho e Emprego.
> Presidente por dois mandatos do Conselho de Administração do Centro de Integração Empresa Escola (CIEE) de São Paulo e Presidente, também reeleito, do CIEE Nacional.
> Delegado Nacional para o Estado de Minas Gerais do 1º Censo da Educação Brasileira MEC-IBGE, em 1964.
> Chanceler da Universidade Corporativa Sescon e Reitor da Universidade Corporativa Sciesp de São Paulo.
> Consultor técnico do CIEE-SP e CIEE-RJ.

3 OUTRAS ATIVIDADES EM EXERCÍCIO OU JÁ EXERCIDAS

3.1 Na Mídia

> Redator dos jornais *A Cidade* e *Correio de São Carlos* – São Carlos (SP).
> Repórter do *Diário do Povo* – Campinas (SP).
> Colaborador sobre assuntos de Educação, Cultura, Economia e História em jornais e revistas do Brasil e do Exterior.

3.2 Em Academias

> Membro Titular e Vitalício da Academia Paulista de História e Presidente das Academias Paulista de Educação e Cristã de Letras de São Paulo.
> Membro Titular Vitalício das Academias Brasileiras de Educação e Filosofia, com sede no Rio de Janeiro.
> Membro Titular e Vitalício da Academia Paulista de Letras.

3.3 Em Fundações e Outras Organizações

> Vice-Presidente Acadêmico da Fundação de Ciências Aplicadas (Ordem dos Jesuítas).
> Diretor Cultural da Fieo – Fundação Instituto de Ensino para Osasco.
> Fundação Ibec-USP.
> Presidente Executivo e Conselheiro da Fundação Cenafor/MEC.
> Curador da Fundação Escola de Sociologia e Política de São Paulo.
> Membro do Conselho Consultivo da Fundação Faculdade de Medicina/USP.
> Superintendente e Diretor da Fundação Bienal de São Paulo.
> Membro do Conselho Fiscal da Ceagesp (Representando o Ministério da Agricultura).
> Secretário de Cultura do Município de São Paulo e Presidente do Conselho Municipal de Cultura (gestão Figueiredo Ferraz).
> Presidente do Instituto Cultural Francisco (Ciccilo) Matarazzo Sobrinho.
> Membro do Conselho de Economia, Sociologia e Política da Fecomércio (Federação do Comércio do Estado de São Paulo).
> Membro titular da NAT (Núcleo de Altos Temas) do Secovi.
> Membro titular do Consea e Consocial (Conselho Superior de Estudos Avançados) da Fiesp.
> Diretor Geral dos Cursos de Aperfeiçoamento (presenciais e a distância) e dos Concursos Públicos de Ingresso do Funcionalismo Civil do Estado de São Paulo.
> Presidente da Comissão Municipal dos Festejos do Sesquicentenário da Independência Brasileira e da transferência dos restos mortais de D. Pedro I para a Capela Imperial do Parque da Independência, no Ipiranga.
> Membro do Conselho Editorial de diversas editoras de São Paulo e Rio de Janeiro.
> Patrono e homenageado do 9º Congresso Internacional de *e-learning* São Paulo, (2009) e consultor técnico para assuntos de Educação a Distância.
> Diretor da Associação Companheiros da América São Paulo-Illinois e das cidades irmãs São Paulo-Miami.
> Membro do Instituto Histórico e Geográfico de São Paulo e do Instituto Histórico Geográfico e Genealógico de Sorocaba.

> Consultor da BPN (Associação das Mulheres de Negócios e Profissionais de São Paulo) bem como da Associação Mulheres da Verdade.
> Membro da Federação Amigos dos Museus de São Paulo.
> Criador e Dirigente do Concurso Literário Cisne Branco, da Marinha Brasileira.
> Integrante do grupo de estudos para a criação da Umusp (Universidade do Município de São Paulo) – Gestão Jânio Quadros.
> Curador da Fundação Padre Anchieta (por uma década).
> Conferencista em congressos e seminários nacionais e internacionais sobre Educação.

4 MEDALHAS E PREMIAÇÕES

4.1 Da República Federativa do Brasil
> Ordem Nacional do Mérito Educativo, grau de Grande Comendador.
> Grande Colar do Sesquicentenário da Independência Brasileira.
> Da Marinha de Guerra do Brasil.
> > Medalha Almirante Tamandaré.
> > Medalha de Mérito Naval.
> > Medalha Amigo da Marinha.

4.2 Do Governo Francês
> Ordem Nacional do Mérito (Presidente Giscard d' Estaing).
> Legión d' Honneur (Presidente François Mitterrand).

4.3 Da Academia Brasileira de Letras
> Medalha do Centenário da ABL.
> Medalha João Ribeiro.
> Medalha do Centenário da Morte de Machado de Assis.
> Prêmio Literário Francisco Alves (pelo conjunto da obra pedagógica).

4.4 Outras Medalhas e Prêmios
> Medalha Anchieta da Câmara Municipal de São Paulo.
> Medalha da Revolução Constitucionalista de 1932.
> Título de Professor Honóris Causa, da UNIFMU, de São Paulo.
> Membro do Imae (Instituto Metropolitano de Altos Estudos para o Desenvolvimento da Pesquisa Científica).
> Professor *Honoris Causa* da Universidade Camilo Castelo Branco, de São Paulo.
> Medalha do Mérito Empresarial, da Asbach, de São Paulo.

> Educador do Ano de 1995, pela Fundação Rotária de São Paulo.
> Medalha Lauro Ribas, do Rotary Club de São Paulo.
> Medalha Irmãos Vilas Boas, da Associação de Pioneiros da TV Brasileira.
> Medalha Odil de Sá, o Pacificador, do Sindicato dos Corretores de Imóveis no Estado de São Paulo.
> Colar Carlos de Souza Nazareth – da Associação Comercial de São Paulo.
> Centenas de outras medalhas cívicas e culturais, além de troféus e diplomas de Honra ao Mérito.
> Associado Benemérito do CIEE-RJ e de Santa Catarina.

5 CIDADANIA HONORÁRIA

Goiânia, São Caetano do Sul, São Bernardo do Campo, Itapetininga, Itapeva, Tupã, São Roque, São Miguel Arcanjo, Santo Anastácio, Ourinhos, São Carlos.

6 OBRAS PUBLICADAS

6.1 Livros

SOUZA, Paulo Nathanael Pereira de. *Normas Regimentais Unificadas do Ensino Secundário*. São Paulo: Nacional, 1967.

———. *O Ginásio Único Pluricurricular em São Paulo*. São Paulo: Nacional, 1968.

———. *Desafios Educacionais Brasileiros*. São Paulo: Pioneira Thomson, 1979.

———. *Pré-escola:* Uma Nova Fronteira Educacional. São Paulo: Pioneira Thomson, 1979.

———. *Educação: Escola-Trabalho*. São Paulo: Pioneira Thomson, 1984.

———. *Educação na Constituição e Outros Estudos*. São Paulo: Pioneira Thomson, 1986.

———. *Educação:* Uma Visão Crítica. São Paulo: Pioneira Thomson, 1989.

———. *Estrutura e Funcionamento do Ensino Superior Brasileiro*. São Paulo: Pioneira Thomson, 1991.

———. *ABC da Lei de Diretrizes e Bases da Educação*. São Paulo: Unimarco/Loyola, 1993.

———. *Temas (Sempre) Atuais da Educação Brasileira*. São Paulo: Unimarco, 1995.

———. *Falas: De História, de Circunstância, de Educação*. São Paulo: Pancast, 1996.

——— e Silva, Eurides Brito da. *Como Entender e Aplicar a Nova LDB*. São Paulo: Pioneira Thomson, 1997.

———. *LDB e Educação Superior*. São Paulo: Pioneira Thomson, 1997.

———. *História:* Uma Referência para Todos os Tempos. São Paulo: Academia Paulista de História/CIEE, 2003.

Souza, Paulo Nathanael Pereira de e Niskier, Arnaldo. *Educação, Estágio & Trabalho*. São Paulo: Integrare, 2006.

————. *O Tributo* – Reflexão Multidisciplinar sobre Sua Natureza (em parceria com Ives Gandra Martins e outros autores). São Paulo: Forense, 2007.

————. *Irene no Céu* – Um Exemplo de Mulher. Rio de Janeiro: Edições Consultor, 2009.

————. *Educação e Desenvolvimento no Brasil*. São Paulo: Integrare, 2009.

————. *Cem anos de Euclides da Cunha*. São Paulo: CIEE, 2009.

————. *Centenário de Euclides (obra comemorativa)*. São Paulo: Academia Paulista de Letras Cristãs/CIEE, 2009.

————. *Acadêmicos Defensores da Língua e da Cultura Nacional*. São Paulo: Academia Paulista de Letras/CIEE, 2009.

6.2 Outras Publicações

Ensaios Históricos na *Revista do Arquivo Municipal de São Paulo*.

Índia Vanuire – Uma heroína do Oeste Paulista.

Atualidade de Euclides da Cunha.

Caxias, o Pacificador.

A Educação para o Trabalho e as Habilitações Profissionais no Ensino de Segundo Grau.

Os Desafios da Formação Profissional (conferência proferida em Kingston, na Jamaica em 1984), no Congresso Mundial da Educação Profissional.

Preparação para o Trabalho na Lei nº 7.044/82.

Uma Nova Escola Normal.

Futuro da Formação Profissional.

Panorama Crítico da Educação Brasileira (Escola Superior de Guerra).

Ensino Superior Brasileiro – Fórum Permanente de Debates.

Educação – Velhos Problemas, Novas (?) Soluções.

Educação e Saber (Conferência no Tribunal de Alçada Criminal de SP – 3ª edição).

O Estágio dos Estudantes do Ensino Médio nas Empresas (em parceria com o Dr. Amauri Mascaro Nascimento), 3ª edição.

Inventário da Educação Brasileira.

Educação, Estagio e Responsabilidade Fiscal das Prefeituras.

Discursos Acadêmicos.

Centenas de pareceres técnicos sobre Educação.

Colaboração permanente na *Revista Agitação* (CIEE/SP), *Revista Ensino Superior* (Semesp), *Revista da Academia Paulista de História* – APH e *Jornal da Academia Brasileira de Letras* – ABL, *Jornal do Brasil, Gazeta Mercantil, Correio Braziliense* etc.

Ensaios e pareceres diversos nas revistas *Acta* (Conselho Estadual de Educação) e *Documenta* (Conselho Federal de Educação).

Milhares de artigos, pareceres, estudos, aulas magnas, entrevistas, cursos, conferências e outros textos publicados em jornais e revistas nacionais e internacionais sobre temas diversos.

OUTROS LANÇAMENTOS DO AUTOR
PELA INTEGRARE EDITORA

Educação e Desenvolvimento no Brasil

Autor: Paulo Nathanael Pereira de Souza
ISBN: 978-85-99362-34-1
Número de páginas: 144
Formato: 14 x 21cm

Educação, Estágio & Trabalho

Autores: Arnaldo Niskier e Paulo Nathanael
ISBN: 978-85-99362-10-5
Número de páginas: 232
Formato: 14 x 21cm

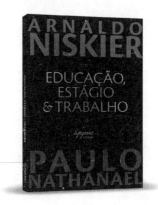

CONHEÇA AS NOSSAS MÍDIAS

www.twitter.com/integrare_edit
www.integrareeditora.com.br/blog
www.facebook.com/integrare.editora

www.integrareeditora.com.br